KB268614

마일리지 200% 활용하기

박성희 지음

가림출판사

　아침에 출근하기 위해서 아니면 외출을 하기 위해 옷장을 열어보면 이상하게도 옷장 가득 옷이 있는데 막상 입고 나갈 옷이 없다고 느끼는 경우가 많다. 이처럼 옷장 가득히 자리를 차지하고 있으나 그 본연의 쓰임새를 찾지 못하고 옷장 속에만 파묻혀 있는 옷들이 적지 않을 것이다. 그러다 가끔 옷장 정리를 하게 되면 나에게 이런 옷이 있었던가 싶은 옷이 새삼 눈에 들어오기도 하고, 버리자니 아깝고 갖고 있자니 자리만 차지하는 천덕꾸러기 같은 옷들도 눈에 들어오기 마련이다.

　옷장 정리를 경제적인 관점에서 비교해보자면, 일종의 옷장 구조조정이라 할 수 있을 것이다. 입지 않고 자리만 차지하는 불필요한 옷들은 과감히 처분하고, 그동안 쓸모가 있었으나 활용하지 못한 옷들은 수선하거나 세탁을 해 활용할 수 있도록 개선하고, 항상 즐겨 입는 옷들은 수납이 편리한 위치에 배치하는 것이다.

　기업이나 조직이 구조조정을 하는 것은 보다 효율적으로 자원을 활용하기 위해서다. 옷장 정리 역시 지금 내가 가지고 있는 옷들을 효과적으로 활용할 수 있도록 하기 위한 작업이다.

　합리적인 구조조정 없이 방만하게 회사를 운영한 기업이 결국 고비용과 저효율의 늪에서 도태하게 되는 것처럼 옷장 가득 쌓아둔 옷을 방치한 채 끊임없이 새옷만을 사들이는데 열중하는 사람이라면 언젠가는 쌓여가는 옷더미와 반비례하는 빈약한 예금잔고에 후회할 날을 맞이하게 될지도 모른다.

이처럼 구조조정은 거창한 기업활동에만 국한된 것이 아니라 개인의 경제생활에서도 충분히 적용될 수 있는 개념이라 할 수 있겠다. IMF 이후 우리의 기업들이 강도 높은 구조조정을 통해 경쟁력을 갖추고 있다면, 이제 각 개인의 차원에서도 합리적인 구조조정으로 가계경제의 경쟁력을 갖출 수 있어야 할 것이다.

이 책은 이 같은 개인차원의 구조조정을 통해 자신이 가지고 있는 자원을 충분히 활용할 수 있는 방안 중에 하나로 각종 마일리지 제도의 활용을 제안하고자 한다. 계속되는 경기 침체로 소비심리가 꽁꽁 얼어붙어 좀처럼 지갑을 열게 되지 않은 요즘, 아껴야 잘산다는 짠돌이 정신이 우리 사회의 전반을 지배하고 있다. 그러나 아끼는 것을 넘어 내 안에 있는 자원을 발견하고 활용할 수 있는 지혜로운 방법을 찾고자 한다면 지금 자신의 지갑 속에서 잠자고 있는 각종 마일리지 카드를 꼼꼼히 챙겨볼 것을 권한다. 마치 옷장 속을 가득 채우고 있으나 입지 않는 옷들처럼 자신의 지갑 속에 차곡차곡 쌓인 마일리지가 사용되지 않은 채 잠자고 있다는 사실을 발견하게 될 것이다. 그리고 사용방법에 있어서 좀 신경 쓸게 많을 뿐, 마일리지도 결국에는 돈과 같다는 것도 깨닫게 될 것이다. 신경을 쓰지 않으면 돈이 아닐 수도 있지만 세심하게 따지면 돈과 같은 효과를 내게 되기 때문에 잘 따져서 사용한다면 그만큼의 재테크 효과를 노릴 수 있을 것이다. 가지고 있지만 그 존재를 인식하지 못했거나 혹은 사용방법을 소홀히 해서 새어나가고 묻혀졌던 마일리지에 눈을 돌려보자. 어쩐지 복잡하고 번거로울 것 같아 지나쳐버린 마일리지 챙기기에서부터 쌓여진 마일리지 100% 활용방법까지 이 책이 친절한 길라잡이 역할을 해줄 것이다.

2005년 7월

박 성 희

CHAPTER 3

모바일 특권, 이동통신사의 멤버십 프로그램 Ⓜ

MILEAGE SERVICE
M

1

마일리지의 메커니즘

쿠폰이나 회원카드 등을 통해 적립금이나 포인트가 쌓이면 공짜로 선물을 주는 서비스가 유행을 하고 있다. 그런가 하면 백화점, 주유소, 신용카드 회사들도 카드를 이용한 금액에 따라 점수를 쌓아주고 정유사들도 자사의 기름을 넣으면 점수를 모아 나중에 현금처럼 쓸 수 있게 해준다. 이러한 서비스들은 1990년대 초반부터 단골을 관리하기 위한 서비스 차원에서 도입되었다.

인터넷 쇼핑몰에서는 삼성물산이 운영하는 삼성몰(www.samsungmall.co.kr)이 1998년 3월부터 구매금액의 1~10%에 해당하는 현금을 '인터넷 통장'에 넣어주는 캐시백 제도(Cash Back)를 도입했었다. 이후 인터넷 쇼핑몰 업체에서는 사이버 머니로 캐시백 해주는 마케팅을 앞다투어 시행하기 시작했다. 최근에는 증권사도 매매대금의 일부를 현금이나 다양한 상품으로 되돌려주는 서비스를 실시하고 있다. 거래수수료의 1~2%를 포인트로 적립해 고객이 원할 때 현금 또는 제휴사의 상품으로 보상해 주기도 한다. 포인트가 적립되는 대상에는 주식과 선물, 옵션, 수익증권, 뮤추얼 펀드 등이 포함된다.

현재는 인터넷 기업 가운데 대다수가 마일리지 제도를 채택하고 있어 가히 마일리지 마케팅, 포인트 마케팅, 캐시백 마케팅 시대라 할 수 있다. 이러한 마케팅 노력은 단골손님에게 이익의 일부를 되돌려 줌으로써 손님이 계속해서 자신의 가게를 찾게 하려는 판촉방법이다. 이 같은 마일리지 제도의 기본 구도를 이해하여 유용한 마일리지 적립 정보와 활용 방안을 정리해 보도록 한다.

마일리지란 무엇인가? Ⓜ

"커피 10잔을 마시면 11번째 커피는 공짜로 마실 수 있습니다."

커피전문점마다 그 횟수의 차이는 있겠지만 최근에 그 수가 늘어난 각종 테이크 아웃 커피전문점의 경우 음료 주문 개수만큼 카드에 도장을 찍어주고 그 카드를 다 채우면 무료음료를 한 잔 제공하는 곳이 많아졌다. 아마도 대부분의 사람들이 지갑 속에 이처럼 자주 이용하는 커피전문점이나 프랜차이즈점의 스탬프카드 한 장쯤은 가지고 있을 것이다. 이들 커피전문점들의 스탬프카드 전략은 한 번 방문한 고객이 단골손님이 되도록 하는 중요한 동기를 제공한다. 즉 처음 방문한 고객이 그 커피전문점의 커피맛이나 서비스 등에 크게 실망한 상황이 아니라면 일단 한두 개로 시작한 스탬프카드를 채우기 위해 이곳을 다시 방문하게 될 확률이 매우 높아지기 때문이다. 두 번째 방문에서는 좀 더 많은 도장이 채워지게 되고 방문횟수가 늘어날수록 이 고객이 그 커피전문점을 다시 찾을 가능성은 점점 높아진다.

이처럼 다음 방문에 대한 강한 동기를 부여하는 역할 때문에 스탬프카드 전략은 많은 프랜차이즈점에서 사용하는 주요 마케팅 수단으로 자리 잡았다.

간단하게는 카드에 도장을 찍어주는 형태에서 전산관리와 연계된 회원카드 제도에 이르기까지 고객을 유인하고 충성도를 높이기 위한 일련의 제도들은 결국 마일리지 제도의 일환으로 볼 수 있다.

마일리지란 사용자의 이용실적에 따라 현금 또는 그에 준하는 상품이나 서비스를 부여하는 기업의 중요 마케팅 수단이라 할 수 있다. 포인트 점수나 보너스 점수 등 각 업체마다 조금씩 다른 이름을 사용하고 있지만 고객의 이용실적을 바탕으로 한 보상 프로그램이라는 점에서 항공사의 마일리지 제도를 응용한 것으로 보면 쉽게 이해될 것이다.

마일리지 제도는 그 이름에서 알 수 있듯이 항공사의 우수 고객 보상 제도로부터 시작된 것이다. 이 제도는 1981년 미국의 아메리칸항공(AA)에 의해 처음 도입된 것으로 알려져 있다. 아메리칸항공은 당시

“AAdvantage”라는 이름으로 상용고객(Frequent Flyer)을 우대하고 지속적인 탑승을 유도하기 위한 목적으로 이용거리에 해당하는 만큼 마일리지를 무상으로 제공하는 프로그램을 시행하였다. 이 같은 마일리지 제도가 상용고객에 대한 사은과 지속적인 탑승 유도에 기여한다는 점이 검증되면서 항공사의 중요 마케팅 수단으로 부각되었고, 이후 세계 각국의 항공사는 물론 각 기업들의 고객 보상제도로 각광받기 시작했다.

마일리지, 왜 주는 것일까? Ⓜ

이처럼 항공사에서 시작된 마일리지 프로그램은 최근 들어 이동통신사나 카드사, 항공사, 정유사, 특정 프랜차이즈 등 다양한 기업에서 활발히 시행되고 있다. 인터넷의 발달로 전자상거래가 보편화되면서 인터넷 쇼핑몰 업체들의 마일리지 마케팅도 두드러진다. 각종 마일리지나 포인트를 제공, 상품 구매액 중 1~10%에 해당하는 금액을 포인트로 적립해 주고 있다. 이렇게 누적된 포인트가 사이버 공간에서 현금처럼 사용할 수 있는 사이버 머니의 역할을 하는 것이다.

그렇다면 이들 기업은 왜 고객에게 마일리지를 제공하는 것일까?

　기업이 고객에게 마일리지를 제공하는 가장 큰 이유는 고객과의 지속적인 관계 유발을 통해 단골고객을 만들고 또 이미 단골이 된 고객을 경쟁사에게 잃지 않기 위해서다. 이 같은 기업의 마일리지 제공이 가능해진 이유로는 무엇보다도 인터넷의 발달을 들 수 있다. 인터넷의 발달로 기존 기업이 담당하던 마케팅 활동의 상당 부분을 소비자들이 대체해 가고, 온라인을 통한 간편한 마케팅 활동이 가능해짐에 따라서 기업들은 마케팅 비용을 절감할 수 있게 되었다. 이렇게 절감된 비용은 당연히 기업의 이익으로 연결되므로 기업은 이를 소비자들에게 환원시켜 고정고객을 확보할 수 있는 보상제도 개발에 관심을 갖게 된 것이다.

　한 금융사의 조사에 따르면 한 사람의 새로운 고객을 유치하기 위해 드는 비용이 기존 고객을 관리하기 위해 드는 비용의 5배 이상이라고 한다. 기업에 따라 차이는 있지만 새로운 고객을 창출하기 위해 드는 비용은 기존 고객에 비해 적게는 5배에서 많게는 6~7배에 이른다. 이렇게 많은 노력과 비용을 들여 새로운 고객을 유치했다고 해서 안심할 수도 없다. 다양한 정보채널을 통해 어느 때보다 현명해진 소비자들은 보다 싸고, 보다 나은 서비스와 혜택을 찾아 쉽게 이동하기 때문이다. 많은 비용을 들여 신규 고객을 창출하는 일도 중요하지만, 기존에 확보된 고객의 이탈을 막기 위한 지속적인 사후관리도 그만큼 중요하다. 기존의 고객 관리를 소홀히 해 고객을 잃게 된다면 이 고객을 유치하기 위해 소요된 많은 노력과 비용들이 모두 허사로 돌아가는 것이다. 때문에 새로운 고객 유치와 함께 자사 고객과의 꾸준한 관계유지는 마케팅 활동의 중요사안이 되고 있다.

이러한 고객과의 관계 중요성이 부각되면서 고객관계관리로 일컬어지는 CRM(Customer Relationship Management) 기법이 많은 기업에서 사용되고 있다. 마일리지 프로그램도 이 같은 고객관계관리 차원에서 이루어지는 중요 마케팅 수단이 되고 있는데, 기존 고객의 거래 내역이 축적됨으로써 고객에 대한 정보가 쌓이고 이러한 고객 정보는 고객의 성향이나 소비패턴을 이해하는 중요한 자료가 된다. 마일리지 점수가 늘어갈수록 고객은 이를 활용할 수 있는 보상 점수가 커지는 것이고, 기업 입장에서는 그 고객이 그만큼의 마일리지를 축적하기 위해 소비한 구체적인 정보가 점점 늘어난다는 것을 의미한다. 마일리지가 높아질수록 기업은 그 고객에 대한 더 많은 정보를 축적할 수 있게 된다. 따라서 한 사람 한 사람의 고객에 대한 맞춤 서비스와 정보 제공이 가능하고 자신만을 위해 배려된 기업의 마케팅 활동은 고객을 감동시키게 된다. 그리고 이러한 감동이 고객이 다른 회사로 옮겨가는 이탈을 막아 지속적인 관계유지를 가능하게 하는 근거가 된다.

예를 들어 A라는 항공사 고객 중 미주 노선을 많이 이용하는 사람에게는 미주 노선의 할인행사나 현지에서의 제휴 업체 정보를 제공함으로써 이 고객이 미주 노선을 이용하는데 편의를 제공할 수 있다. 신용카드사의 경우 사용액의 상당 부분을 쇼핑으로 사용하는 고객이라면 쇼핑할 때 할인 혜택을 주거나 유용한 쇼핑 정보를 제공할 수 있다. 문화생활에 지출을 많이 하는 고객이라면 각종 공연정보와 할인 혜택을 중심으로

서비스를 제공할 수 있다. 실제로 이 같은 내용은 대부분의 항공사나 신용카드사 등이 고객의 성향을 분류해 제공하고 있는 내용이기도 하다.

마일리지 적립방식 Ⓜ

　　마일리지 제도가 다양한 분야에 활용되면서 단순적립방식에 머물던 마일리지가 점차 제휴를 통한 통합, 교환 방식으로 진화되는 모습을 보이고 있다. 기본적으로 마일리지는 자사 항공편의 탑승거리에 해당하는 거리만큼의 마일을 제공하거나 자사 구매제품마다 각각 포인트를 부여하는 단순적립방식에서 출발한다. 그러나 최근 들어 분산된 포인트를 한곳에 모아주는 통합적립방식이 확산되고 있다. 삼성몰이나 인터파크 등 대형 인터넷 쇼핑몰이 자사의 쇼핑몰에서 구매한 물품에 한해 각 상품마다 포인트를 적립해 주는 단순적립방식을 채택하고 있다면 여러 제휴 업체의 포인트를 한곳으로 통합해 쓸 수 있도록 하는 OK 캐시백이나 신용카드 포인트 제도는 대표적인 통합적립방식을 활용하고 있다. 그 밖에 항공사의 마일리지 제도 역시 단순히 탑승거리에 따른 마일리지 제공에서 벗어나 제휴 카드사나 호텔·렌터카 등의 사용에 대해서도 마일리지를 제공하고 있으며, 여러 해외 항공사들과의 제휴를 통해 제휴 항공사 이용에 대한 마일리지 호환적립도 할 수 있도록 하는 통합적인 방식을 취하는 추세이다.

＋단순적립방식＋

　단순적립방식의 포인트 전략은 개인 구매금액의 일부를 마일리지로 적립해서 되돌려주는 방식이다. 이것은 마일리지 프로그램의 가장 기초모델로서 '자사에서 취급하는 제품마다 마일리지를 부여한다' 는 전략이다. 이 같은 단순적립방식은 주로 온ㆍ오프라인 쇼핑몰에서 사용하고 있는데, 각 백화점의 고객카드 제도와 인터넷 쇼핑몰의 사이버 캐시백 제도가 이 같은 단순적립방식을 채택하는 대표적인 예이다. 그 밖에 각종 패밀리 레스토랑이나 식ㆍ음료 프랜차이즈의 회원카드도 이 같은 단순적립방식에 의한 마일리지 적립을 해주고 있다. 백화점 회원카드의 경우 해당 백화점에서 구매한 금액에 따라 대개 1,000원당 1마일 정도의 점수를 부여해 일정 점수 이상일 때 해당 점수에 상응하는 액수의 백화점 상품권을 증정하고 있다. 인터넷 쇼핑몰도 상당수가 이러한 단순적립방식의 캐시백 제도를 활용하고 있는데, 이 같은 사이버 캐시백 제도는 삼성물산이 운영하는 인터넷 쇼핑몰 삼성몰에서 1998년 상반기에 업계 최초로 도입해 지금은 대부분의 인터넷 쇼핑몰에서 채택하고 있다.

캐시백 제도는 자사 쇼핑몰에서 구매한 상품에 대한 일정 비율의 적립금을 캐시백 형태로 적립해 주고 이 적립금으로 다시금 재방문과 재구매를 유도하는 방식이다. 각종 프랜차이즈에서도 자사 매장에서 구매한 금액의 일정 비율을 마일리지로 적립해 주고 이를 통한 다양한 보상 프로그램들을 실시하고 있다. 극장이나 식당·옷가게·미장원 심지어 노래방에 이르기까지 요즘 어디를 가든 고객카드를 활용하고 있는데, 이처럼 특정 매장이나 브랜드에 국한되어 적립되고 보상되는 마일리지는 단순적립방식의 마일리지로 보면 된다.

+통합적립방식+

현재 국내외에서 가장 보편적으로 사용되는 마일리지 방식은 단순적립방식과 통합적립방식이다.

단순적립방식의 마일리지 제도는 사용한 구매금액에 대해 일정 비율을 적립해 주는 가장 기본적인 방식이다. 즉 '제품마다 포인트를 부여한다'가 기본 개념이다. 이에 반해 통합적립방식은 구매금액의 일부를 적립해 주는 것은 단순적립방식과 같지만 여기저기서 사용한 구매금액의 적립액을 통합 관리할 수 있어 단순적립방식보다 발전된 개념이라 할 수 있다.

이 같은 통합적립방식이 출현하게 된 배경은 단순적립방식의 마일리지 제도가 누적에 따른 활용 측면에서 실효성이 떨어진다는 비판에서 비롯되었다. 항공사 마일리지의 경우 한 번의 외국 여행으로도 국내 노선을 공짜로 이용할 수 있을 만큼 마일리지가 누적되지만, 특정 쇼핑몰이나 정유사, 백화점, 신용카드사 등의 마일리지는 실제 활용할 수 있는 점수에 도달하기까지 상당액의 구매와 시간이 필요하기 때문에 마일리지 적립에 따른 효과를 느끼기 어렵다는 것이다.

정유사 마일리지를 예로 들면, 보통 주유소에서 기름을 넣으면 기름 값의 0.5% 정도를 적립해 준다. 그리고 이런 적립카드는 대부분 5000점부터 현금처럼 사용할 수 있고, 5만 점이 되어야 현금으로 찾을 수 있다. 주유소만 이용하여 5000점의 마일리지를 적립하려면 기름을 100만 원 가량 넣어야 하고, 현금으로 찾을 수 있을 만큼의 마일리지를 적립하려면 기름을 1,000만 원어치는 넣어야 가능하다는 계산이 나온다. 어느 세월에 이 점수를 쌓아 혜택을 받을 것인가를 생각한다면 마일리지 적립 자체에 대한 회의와 무용론(無用論)이 대두되기 마련이다. 때문에 사용액에 따른 마일리지 적립으로 혜택을 돌려준다는 화려한 유혹에 몰려들었던 고객들이 큰 혜택이 없음을 깨닫고 점차 이탈하기 시작한 것이다.

이처럼 한 업체에서 제공하는 소량의 마일리지로는 소비자들에게 실제로 도움이 되지 못한다는 단순적립방식의 단점이 나타나면서 여러 제휴사를 묶어 마일리지를 통합 서비스해 주는 통합적립방식의 마일리지 제도가 등장하게 된 것이다.

통합적립 마일리지 서비스를 제공하는 기업은 두 가지 측면에서 접근하고 있는데 첫 번째는 오프라인에 기반을 두고 있는 신용카드사·항공사·정유사 등에서 가맹점을 확대해 가는 것이고, 두 번째는 온라인에서 출발한 기업들이 통합 마일리지 서비스회사와 제휴해 마일리지를 모아주는 것이다.

통합적립에 속하는 인터넷 업체들은 한 사이트에서만 포인트를 적립해 주는 단순적립 업체들보다는 진보된 개념으로, 각 쇼핑몰들이 제휴하여 포인트를 서로 교환하여 사용할 수 있도록 하는 '포인트 뱅킹' 사이트들이다. 이들 업체들은 분산된 포인트를 한곳에 모아 주는 역할을 하는데 국내에서는 OK 캐시백(www.okcashbag.com)이 대표적인 예라고 할 수 있다.

마일리지 효과, 허상에 불과한가? 

단순적립방식의 한계를 극복하기 위해 통합적립방식을 도입해 보지만, 마일리지 적립에 따른 효과에 대해 고객들은 여전히 실감하지 못하는 경우가 많다. 통합적립 마일리지는 우수 고객에게 차별화된 혜택을 주겠다는 취지에서 시작되었지만 이러한 마케팅 전략이 얼마나 고객들에게 혜택을 주고 있는지 따져볼 필요가 있다.

대개의 신용카드사들은 1,000원당 1점, 많게는 1,000원당 2점 정도의 마일리지를 제공하고 있다. 이는 고객이 신용카드로 2,000만 원을 사용해야 1마일 적립의 경우 2만 원, 2마일 적립의 경우 4만 원의 혜택을 돌려받게 된다는 얘기이다. 월 평균 신용카드 사용액이 50만 원 정도인 사람이 2년 정도를 꾸준히 사용할 때 돌려받을 수 있는 혜택의 수준이다. 또한 대부분의 신용카드사가 현금서비스 사용액에 대해서는 마일리지를 적용하고 있지 않기 때문에 순수 구매금액으로만 마일리지를 쌓을 수 있다.

보너스 항공권, 주유소 카드도 사정은 크게 다르지 않다. 항공사와 제휴한 각 신용카드사 적립 마일리지를 이용해 국내 항공권을 구매하려면 적어도 1,000만 원에서 1,500만 원의 금액을 카드로 사용해야 한다. 대한항공이나 아시아나항공이 신용카드사와 제휴해 제공하는 마일리지는 특별한 경우를 제외하고는 대개 1,000원 사용당 1마일을 제공한다. 국내선 이용의 경우 1만 마일, 성수기에는 1만 5000마일을 이용해야 보너스 항공권을 얻을 수 있다.

이처럼 항공사를 비롯한 인터넷 포털, 정유ㆍ주유업계, 신용카드사 등 온ㆍ오프라인 업체들이 앞다투어 마일리지 제도를 실시하고 있지만 소비자들은 마일리지를 이용해 사은품이나 현금을 돌려받으려면 상당한 시간이 소요되기 때문에 그저 장삿속으로 치부하는 경향이 있다. 그

럼에도 불구하고 마일리지 마케팅이 여전히 건재하는 이유는 종전의 아무런 혜택이 없는 것보다 무언가 혜택을 주는 방식을 고객들이 선호하기 때문이다. 따라서 고객은 스스로에게 유리한 방식으로 구매활동을 할 필요가 있다. 여기저기 흩어져 있는 마일리지를 제대로 모아 활용한다면 소비 금액의 일정부분에 대한 환급 효과를 누릴 수 있다. 이는 마치 직장인들의 연말정산 효과와 비교할 수 있는데, 다소 귀찮더라도 관련 증빙서류들을 꼼꼼히 챙겨 연말정산에 활용한 사람과 그렇지 않은 사람간에는 환급금을 돌려받는 시점에 적지 않은 차이가 난다는 점을 생각해보면 될 것이다. 최근에 대부분의 기업들이 채택하고 있는 마일리지를 자신의 소비패턴에 맞춰 어떤 방향으로 적립하고 활용할 것인지를 계획하고 실천한다면 생활 속의 재테크 효과를 누릴 수 있을 것이다.

사회 환원으로서 마일리지 제도의 확산 Ⓜ

기업들의 마케팅 수단으로 이용되던 '마일리제 제도'가 최근 들어 그 활용 폭이 넓어져 사회 환원 방식의 대안으로 적용되기도 한다. 사회 환원에 대해 깊은 관심을 보이고 있는 기업들이 이벤트성 봉사활동 대신 지속적인 공익사업을 추구하기 위해 신개념의 마일리제 제도 도입에 적극적으로 나서고 있는 것이다.

사회봉사용 마일리지 제도란 기존에 제품 구입시 포인트를 쌓아 제품을 재구입할 때 현금으로 사용케 하던 개념을 확대해 소비자가 제품을 구매할 경우 일정금액을 적립해 사회봉사기금으로 활용하는 방식이다. 현재 금융상품과 통신사에서 이 제도를 활용하고 있으며, 다른 기업들도 이 같은 사회 환원 방식으로서 마일리지 제도 도입을 확산하고 있는 추세이다. 제품을 구입할 때 일정금액을 구매자의 이름으로 기부하거나, 자사 제품 판매금액의 일부를 적립해 사회봉사 지원금으로 사용하는 방식으로 마일리지 제도가 활용되고 있다. 이처럼 마일리지 제도가 기업들로부터 각광받고 있는 이유는 기존의 일정기간에 기금을 모아 전달하는 '1회성 행사'를 지양하고 봉사활동을 연중 캠페인으로 자리 잡도록 하는데 적합한 방식이라는 판단 때문이다. 아울러 소비자가 직접 참여할 수 있고 기업의 이미지 개선에도 도움이 될 수 있다는 장점이 있기 때문이다.

포스코의 경우는 지난 2004년 3월부터 매월 셋째 토요일을 '나눔의 토요일'로 지정하고 봉사활동을 전개해오고 있는데, 직원들의 봉사활동 시간을 누적 관리해 활동경비로 보상해 주는 '자원봉사 마일리지 제도'를 시행하고 있다. 이처럼 마일리지 개념의 확대와 활용 폭의 다양화로 마일리지 제도는 점차 진화해 가고 있다.

MILEAGE SERVICE

2

항공사의 마일리지

완전정복하기

공짜로 날아봐? Ⓜ

　여러 해 전에 제작된 'Welcome to my world' 란 배경음악이 사용된 대한항공의 TV CF는 매우 인상적으로 기억 속에 남아 있다. 마치 대한항공을 타면 새로운 세계로 날아갈 것 같은 느낌, 그곳에서 누군가 나를 반갑게 맞아 주리라는 기대를 갖게 한 이 배경음악은 많은 사람들의 머릿속에 태극마크가 선연한 대한항공의 비행기가 하늘을 가르며 나는 장면을 자연스럽게 연상시킨다. 항공여행이 지금처럼 보편화되지 않았던 시절, 비행기를 탄다는 것 자체가 새로운 세상으로 비상하는 것과 같은 설레임을 주던 시절의 이야기이다.

　그러나 세계화, 글로벌화가 보편화된 현재는 비행기를 타는 일이 일반적인 것으로 되어 버렸다. 해외로의 비즈니스나 여행 등이 잦아지고 그에 따라 비행기를 이용하는 일도 늘어난 것이다. 그러나 아무리 항공기 이용이 잦아졌다 해도 항공요금은 여전히 길을 나서는데 망설이게 하는 가장 부담이 되는 요소이다. 그러나 각 항공사가 시행하고 있는 마일리지 프로그램을 잘 이용한다면 국내선 이용이나 가까운 해외 노선 정도는 공짜로 다녀올 수 있다.

현재 우리 나라에는 대한항공과 아시아나항공, 두 개의 국내 항공사가 있다. 일반적으로 아시아나항공이 대한항공에 비해 동일 노선에 대한 운임이 약간 저렴한 것으로 알려져 있다. 또 마일리지를 이용한 보너스 적용 기준도 양 항공사가 약간씩의 차이가 있기 때문에 고객은 어느 쪽이 유리한지 꼼꼼히 따져 볼 필요가 있다.

항공사 마일리지 완전정복, 이제부터 시작해 보자.

마일리지 쌓기 Ⓜ

+항공편 이용을 통한 마일리지 적립+

항공사의 마일리지를 쌓는 방법은 항공편을 이용한 실적에 따라 적립하는 방법과 항공사의 제휴 업체를 이용해 쌓는 방법이 있다. 항공편을 이용할 경우 실제 비행거리에 준하는 마일리지가 적립되기 때문에 동일 노선에 대한 마일리지 적용은 대한항공과 아시아나항공 모두 같다. 비즈니스석의 경우 125%, 일등석은 150% 등 좌석별로 적용 기준이 다르다.

또 마일리지를 이용한 보너스 항공권으로 탑승하거나 50% 이상 할인된 우대 할인권, 특정 예약클래스의 경우는 마일리지 적립이 되지 않고 단체 할인 항공권의 경우도 실제 마일리지의 80%를 제공한다.

각 항공사에서는 만 12세 미만의 어린이를 위해 주니어 마일리지 프로그램을 운영하고 있는데, 대한항공의 스카이패스 주니어와 아시아나항공의 매직마일스 프로그램이 그것이다. 이들 주니어 회원에 대해서는 성인기준 75%의 마일리지가 적립되며, 만 12세 이상이 되면 자동으로 스카이패스와 아시아나클럽 회원으로 전환된다.

그 밖에 회원이 두 좌석 이상의 항공권(Extra Seat, Cabin Baggage, Stretcher 등)을 구입하는 경우 좌석당 마일리지가 각기 부여되지 않고 단지 회원 1인의 마일리지만 적립된다.

국내 항공사들이 현재 운항하고 있는 각 노선의 마일리지는 다음과 같다.

대한항공의 취항도시별 마일리지

▓ 국내선

(단위 : 마일, 일반석 편도기준)

구 간	마 일	구 간	마 일	구 간	마 일
김포/인천 - 부산	220	김포 - 여수(순천)	220	진주(사천) - 제주	140
김포 - 진주(사천)	240	김포/인천 - 제주	280	원주(횡성) - 제주	290
김포/인천 - 대구	160	부산 - 양양	230	청주 - 제주	230
김포 - 울산	210	부산 - 제주	190	광주 - 제주	120
김포 - 포항	190	울산 - 제주	220	여수(순천) - 제주	110
김포 - 광주	170	대구 - 제주	210	군산 - 제주	170

▓ 국제선

일본 노선

(단위 : 마일, 일반석 편도기준)

구 간	마 일	구 간	마 일	구 간	마 일
인천 - 가고시마	460	인천 - 아키타	750	부산 - 도쿄	620
인천 - 나가사키	370	인천 - 오사카	530	부산 - 오사카	360
인천 - 나고야	600	인천 - 오이타	410	부산 - 후쿠오카	140
인천 - 니가타	690	인천 - 고마쓰	549	제주 - 나고야	610
인천 - 도쿄	760	김포 - 하네다	760	제주 - 도쿄	790
인천 - 삿포로	880	인천 - 후쿠오카	350	제주 - 오사카	510
인천 - 아오모리	800	부산 - 나고야	440		

✈ 동북아 노선 (단위 : 마일, 일반석 편도기준)

구 간	마 일	구 간	마 일	구 간	마 일
인천 – 베이징	570	인천 – 산둥성(지난)	540	부산 – 시안(서안)	1153
인천 – 블라디보스토크	480	인천 – 칭다오(청도)	360	부산 – 칭다오(청도)	500
인천 – 산야	1694	인천 – 쿤밍	1645	제주 – 베이징	720
인천 – 상하이	530	인천 – 타이베이	920	광주 – 상하이	410
인천 – 샤먼	1029	인천 – 톈진	520	대구 – 옌타이	430
인천 – 선양(심양)	340	인천 – 웨이하이	247	청주 – 상하이	520
인천 – 옌지(연길)	390	인천 – 우루무치	2096	대구 – 베이징	720
인천 – 우한(무한)	860	대구 – 선양(심양)	500		
인천 – 울란바토르	1226	부산 – 상하이	520		

✈ 동남아 노선 (단위 : 마일, 일반석 편도기준)

구 간	마 일	구 간	마 일	구 간	마 일
인천 – 괌	2002	인천 – 페낭	2774	부산 – 방콕	2303
인천 – 마닐라	1624	인천 – 하노이	1681	부산 – 홍콩	1278
인천 – 방콕	2281	인천 – 호치민	2220	부산 – 하노이	1603
인천 – 싱가포르	2880	인천 – 홍콩	1292	부산 – 푸켓	2700
인천 – 자카르타	3278	제주 – 방콕	2118		
인천 – 쿠알라룸푸르	2864	대구 – 방콕	2361		

✈ 서남아 노선 (단위 : 마일, 일반석 편도기준)

구 간	마 일	구 간	마 일
인천 – 뭄바이(봄베이)	3455		

✈ 미주 노선　　　　　　　　　　　　　　　　　　　（단위 : 마일, 일반석 편도기준）

구 간	마 일	구 간	마 일
인천 – 뉴욕	6882	인천 – 애틀랜타	7131
인천 – 댈러스	6827	인천 – 앵커리지	3785
인천 – 로스앤젤레스	5968	인천 – 워싱턴	6947
인천 – 밴쿠버	5092	인천 – 토론토	6814
인천 – 시애틀	5199	인천 – 호놀룰루	4562
인천 – 샌프란시스코	5639	도쿄 – 로스앤젤레스	5451
인천 – 시카고	6543		

✈ 구주/중동 노선　　　　　　　　　　　　　　　　（단위 : 마일, 일반석 편도기준）

구 간	마 일	구 간	마 일
인천 – 두바이	4191	인천 – 취리히	5456
인천 – 런던	5652	인천 – 카이로	5246
인천 – 로마	5579	인천 – 이스탄불	5187
인천 – 모스크바	4096	인천 – 파리	5638
인천 – 마드리드	6227	인천 – 프라하	5122
인천 – 상트페테르부르크	4233	인천 – 프랑크푸르트	5360
인천 – 암스테르담	5439	카이로 – 두바이	1500

✈ 대양주 노선　　　　　　　　　　　　　　　　　（단위 : 마일, 일반석 편도기준）

구 간	마 일	구 간	마 일
인천 – 난디	5048	인천 – 오클랜드	5997
인천 – 브리즈번	4803	난디 – 오클랜드	1341
인천 – 크라이스트처치	6350	브리즈번 – 시드니	465
인천 – 시드니	5177		

아시아나항공의 취항도시별 마일리지

(단위 : 마일, 일반석 편도기준)

지 역	구 간	마 일
한국 국내선	서울(김포/인천) – 제주	280
	서울(김포/인천) – 부산	220
	서울(김포) – 진주	240
	서울(김포) – 대구	160
	서울(김포) – 울산	210
	서울(김포) – 포항	190
	서울(김포) – 광주	170
	서울(김포) – 여수	220
	서울(김포) – 목포	190
	부산 – 제주	190
	울산 – 제주	220
	대구 – 제주	210
	청주 – 제주	230
	광주 – 제주	120
	포항 – 제주	240
한국 – 일본 구간	서울(인천) – 도쿄(나리타)	760
	서울(김포) – 도쿄(하네다)	760
	서울(인천) – 나고야	600
	서울(인천) – 오사카	530
	서울(인천) – 후쿠오카	350
	서울(인천) – 구마모토	410
	서울(인천) – 다카마쓰	480
	서울(인천) – 도야마	590
	서울(인천) – 마쓰야마	430
	서울(인천) – 미야자키	480
	서울(인천) – 센다이	790
	서울(인천) – 오키나와	790
	서울(인천) – 요나고	400
	서울(인천) – 후쿠시마	770
	서울(인천) – 히로시마	420
	부산 – 오사카	360
	부산 – 후쿠오카	140
	제주 – 오사카	510
	제주 – 후쿠오카	230

(단위 : 마일, 일반석 편도기준)

지역	구간	마일
한국 – 동북아 구간	서울(인천) – 베이징	570
	서울(인천) – 광저우	1266
	서울(인천) – 계림	1281
	서울(인천) – 사할린	1048
	서울(인천) – 서안(시안)	1017
	서울(인천) – 성도(청두)	1368
	서울(인천) – 중경	1277
	서울(인천) – 남경	590
	서울(인천) – 상하이	530
	서울(인천) – 연길(옌지)	390
	서울(인천) – 연대	290
	서울(인천) – 장춘(창춘)	450
	서울(인천) – 타이베이	920
	서울(인천) – 하얼빈	580
	서울(인천) – 항주(항저우)	620
	서울(인천) – 청도(칭다오)	360
	서울(인천) – 천진(톈진)	520
	서울(인천) – 하바로프스크	880
	부산 – 베이징	770
	대구 – 상하이	530
	제주 – 상하이	340
한국 – 동남아 구간	서울(인천) – 마닐라	1624
	서울(인천) – 방콕	2281
	서울(인천) – 사이판	1938
	서울(인천) – 싱가포르	2880
	서울(인천) – 자카르타	3278
	서울(인천) – 호치민	2220
	서울(인천) – 하노이	1681
	서울(인천) – 홍콩	1292
	서울(인천) – 푸켓	2690
	서울(인천) – 씨엠립(앙코르와트)	2175
	부산 – 방콕	2303
	부산 – 마닐라	1515

(단위 : 마일, 일반석 편도기준)

지 역	구 간	마 일
한국 – 서남아 구간	서울(인천) – 알마티 서울(인천) – 뉴 델리 서울(인천) – 타슈켄트	2601 2898 3013
한국 – 북미 구간	서울(인천) – 뉴욕(JFK) 서울(인천) – 로스앤젤레스 서울(인천) – 샌프란시스코 서울(인천) – 시애틀	6882 5968 5639 5199
한국 – 오세아니아 구간	서울(인천) – 시드니 서울(인천) – 오클랜드	5177 5997
한국 – 유럽 구간	서울(인천) – 이스탄불 서울(인천) – 프랑크푸르트 서울(인천) – 런던	5187 5360 5652

+제휴 항공사를 통한 마일리지 적립+

대한항공과 아시아나항공이 제휴하고 있는 항공사를 이용할 경우에도 마일리지 적립을 할 수 있다. 대한항공과 아시아나항공은 각각 스카이팀과 스타 얼라이언스라는 국제항공연맹에 가입되어 있어, 이들 동맹 항공사를 이용할 경우에도 마일리지 적립을 할 수 있다. 이처럼 항공사들이 국제항공연맹의 일원으로 가입하는 이유는 세계 정상급 항공사들이 함께 함으로써 개별 항공사로서 지원하지 못하는 포괄적 서비스를 제공할 수 있는 장점이 있기 때문이다.

제휴 항공사의 마일리지는 탑승일로부터 3~10일 이후 적립되며, 누락된 경우 1년 이내에 요청할 수 있다. 이때 누락된 마일리지를 적립하기 위해서는 탑승권(Boarding Pass)과 승객용 항공권(Passenger Coupon)을 제시해야 사후 적립을 할 수 있다.

만약 두 개 이상의 제휴 항공사 마일리지 프로그램에 동시에 가입하고 있는 경우라도 마일리지는 한 항공사의 프로그램에만 적용되며, 일단 적립된 마일리지는 다른 항공사의 마일리지 구좌로 이체시킬 수 없다. 예를 들어 대한항공 스카이패스 회원이면서 동시에 스카이팀 항공사 중 하나인 델타항공의 마일리지 회원인 경우 마일리지 적립시 어느 항공사의 마일리지에 적립할 것인지를 선택해야 한다. 또 여러 항공사들의 공동 운항편을 탑승한 경우에는 제휴 항공사 편명으로 발권된 항공권을 이용한 경우에만 마일리지 적립을 할 수 있다. 제휴 항공사의 마일리지 적립 역시 실제 운임으로 지불한 좌석 등급을 기준으로 적립되는데, 항공사별로 약간의 차이가 있지만 대개 비즈니스석의 경우 125%, 일등석은 150%의 좌석별 마일리지 적립기준이 적용된다.

대한항공 제휴 항공사 (스카이팀)	델타항공, 에어프랑스, 아에로멕시코, 체코항공, 알리탈리아항공, 콘티넨탈항공, KLM 네덜란드항공, 노스웨스트항공, 베트남항공
아시아나항공 제휴 항공사 (스타 얼라이언스)	전일본공수(ANA), 싱가포르항공, 타이항공, 에어뉴질랜드, 유나이티드항공, 에어캐나다, 바리그브라질항공, 루프트한자, 오스트리아항공, 브리티시미들랜드항공, 폴란드항공, 스칸디나비아항공, 스팬에어, 유에스 에어웨이스

+제휴사를 통한 마일리지 적립+

항공편을 이용하지 않고도 마일리지를 적립할 수 있는 방법은 각 항공사가 업무제휴를 맺고 있는 다양한 업체들을 활용하는 방법이다. 항공사들은 항공사업과 밀접한 연관을 가지고 있는 각종 업체들과의 제휴 마케팅을 실시하고 있는데, 이들 제휴사에서 이용한 금액에 대한 마일리지 적립이 이루어지고 있다. 제휴사 부분에 있어 대한항공보다는 아시아나항공이 비교적 다양하고 많은 업체와의 제휴를 맺고 있어 제휴사를 통한 마일리지 적립에 유리한 측면이 있다. 제휴 호텔이나 렌터카 업체, 신용카드사, 은행 등 다양한 제휴 업체 활용을 통해 얻을 수 있는 마일리지 혜택에 대해 알아본다.

★★ 신용카드사

항공사와 제휴한 신용카드를 사용함으로써 신용카드 사용액에 따른 포인트를 항공 마일리지로 적립할 수 있는데, 이때 각 신용카드사는 제휴카드에 대한 특화된 추가 서비스 제공을 위해 추가 연회비를 청구한다. 고객은 기존의 카드 연회비와 더불어 제휴 서비스에 대한 연회비를 추가로 더 지불해야 한다. 항공사 제휴 신용카드의 경우 사용액을 마일리지로 적립할 수 있는 장점이 있지만 1만 원 이상의 높은 추가 연회비를 부담해야 한다는 점을 미리 알아둘 필요가 있다.

최근에 신용카드사들의 경영악화로 인해 기존의 마일리지 혜택이 대폭 축소되는 경향이 있는데 대한항공과 제휴를 맺고 있는 대부분의 신용카드사들도 지난해 10월(2004. 10. 1.) 이후부터 1,000원당 1마일씩 적립해 주던 기존 내용을 축소해 1,500원당 1마일씩을 적립해 주고 있다. 이에 비해 아시아나항공은 제휴 카드 대부분이 사용액 1,000원당 1마일씩 적립 수준을 유지하고 있다.

신용카드 이용액에 따른 마일리지 적립시 반드시 염두에 두어야 할 내용은 신용카드 결제일에 정상 결제된 금액에 대해서만 마일리지가 부여된다는 것이다. 만약 결제일에 정상 결제되지 않고 연체한 경우에는 이후 모든 금액을 결제한다 해도 그 달 사용액에 대한 마일리지 적립은 되지 않는다. 신용카드 사용에 있어 결제일 엄수는 개인의 신용관리 차원에서도 중요하지만 이처럼 카드사용액에 대한 마일리지나 포인트 혜택을 정당하게 부여받기 위해서도 반드시 지키는 것이 좋다. 일시불 및 할부 입금액에 대해 마일리지가 제공되며, 연회비 · 할부수수료 · 현금 서비스에 대해서는 마일리지 적립이 되지 않는다.

신용카드 사용액에 대한 마일리지 적립은 대한항공의 경우 결제일로부터 약 2주일, 아시아나항공은 7~10일 정도의 기간이 소요된다.

대한항공	

- 1,000원당 1.2마일 적립 – 씨티스카이패스마스타

- 1,000원당 1마일 적립 – 씨티스카이패스비자
　　　　　　　　　　　한미은행카드
(씨티은행과 한미은행은 통합하여 한국씨티은행으로 은행명이 변경됨)

- 1,500원당 1마일 적립 – KB카드
　　　　　　　　　　　BC카드
　　　　　　　　　　　삼성카드
　　　　　　　　　　　LG카드
　　　　　　　　　　　외환카드
　　　　　　　　　　　하나은행카드
　　　　　　　　　　　현대카드
　　　　　　　　　　　신한카드
　　　　　　　　　　　제주은행카드

- 마일리지 전환
　BC TOP 포인트, 한미은행 포인트 플러스 클럽 포인트

아시아나항공	

- 1,000원당 2마일 적립 – 씨티은행카드
　　　　　　　　　　　아시아나 – KB카드로 SK주유소에서 주유시

- 1,500원당 1.5마일 적립 – LG Travel 카드

- 1,000원당 1마일 적립 – KB카드
　　　　　　　　　　　신한카드
　　　　　　　　　　　삼성카드
　　　　　　　　　　　현대카드
　　　　　　　　　　　광주은행카드
　　　　　　　　　　　LG카드
　　　　　　　　　　　외환카드
　　　　　　　　　　　BC카드
　　　　　　　　　　　한미은행카드
　　　　　　　　　　　우리은행카드
　　　　　　　　　　　하나은행카드

- 마일리지 전환
　현대카드 M포인트의 마일리지 전환
　롯데카드 MR포인트의 마일리지 전환

★★ 호 텔

항공사와 제휴한 호텔을 이용하여 마일리지를 적립할 수도 있다. 제휴 호텔을 이용한 마일리지를 적립하기 위해서는 호텔 예약시 반드시 회원임을 알려주고 체크인 할 때 마일리지 회원카드(스카이패스나 아시아나클럽)를 제시해야 마일리지가 자동으로 적립된다.

제휴 호텔 마일리지는 호텔 투숙일수와 상관없이 1회 이용을 기준으로 적립된다. 예를 들어 1회 이용에 500마일을 제공하는 호텔에서 3박을 투숙했다고 하면, 각 1박당 500마일이 적립되는 것이 아니라 3박 투숙 전체를 호텔 1회 이용으로 계산해 500마일이 적립되는 것이다. 따라서 호텔 이용 마일리지는 제휴 호텔에서 1박을 하든 3박을 하든 투숙일수에 상관없이 회당 적립기준인 500마일만 적립되는 것이다.

제휴 호텔을 이용한 마일리지 적립은 사용일로부터 약 1~2개월의 기간이 걸린다. 만약 이용 마일리지가 누락되었을 경우에는 이용일로부터 6개월 이내에 마일리지 적립을 요청할 수 있다. 이 경우에는 마일리지 적립이 확인될 때까지 발생할 수 있는 누락에 대비하기 위해 숙박영수증을 보관하는 것이 좋다.

단, 국내 항공사와 제휴를 맺고 있는 인터컨티넨탈호텔 그룹, 메리어트호텔 그룹, 스타우드호텔 그룹의 경우는 먼저 호텔의 자체 상용고객 프로그램에 가입해야만 마일리지를 제공 받을 수 있다는 점을 알아둔다.

호텔을 많이 이용하는 경우 대한항공에 비해 다양한 호텔 제휴망을 구축하고 있는 아시아나항공을 이용하는 것이 마일리지 적립에 유리하다.

대한항공	– 1회 숙박당 500마일 적립

- 1회 숙박당 500마일 적립

힐튼호텔(전 세계)	하얏트호텔&리조트(전 세계)
만다린오리엔탈호텔(전 세계)	샹그릴라호텔(전 세계)
윌셔 그랜드호텔(LA)	와이키키 리조트호텔(하와이)
인터컨티넨탈호텔 그룹(전 세계)	호텔롯데(서울/부산/제주)
서울신라호텔	파라다이스호텔(부산)
KAL호텔(제주/서귀포)	

- 1회 숙박당 250마일 적립
  홀리데이인 익스프레스호텔

아시아나항공

- 1회 숙박당 750마일 적립
  * 스타우드호텔(Starwood Hotels & Resorts)
  럭셔리컬렉션(www.luxurycollection.com)

- 1회 숙박당 500마일 적립
  * 힐튼호텔 체인(The Hilton Family)
  힐튼호텔(www.hilton.com)
  콘라드호텔(www.conradhotels.com)
  더블트리호텔(www.doubletree.com)
  힐튼가든 인(www.hiltongardeninn.com)
  홈우드 스위트호텔(www.homewoodsuites.com)
  엠버시 스위트호텔(www.embassysuites.com)
  * 인터컨티넨탈호텔 그룹(InterContinental Hotels Group)
  인터컨티넨탈호텔(www.interconti.com)
  홀리데이인호텔(www.basshotels.com)
  스테이브리지 스위츠 바이 홀리데이인(www.staybridge.com)
  캔들우드 스위트(www.candlewoodsuites.com)
  * 스타우드호텔(Starwood Hotels & Resorts)
  웨스틴호텔(www.westin.com)
  쉐라톤호텔(www.sheraton.com)
  세인트 레기즈호텔(www.stregis.com)
  W호텔(www.whotels.com)
  * 오쿠라호텔(www.okura.com)
  * 래디슨호텔(www.radisson.com)
  * 리갈호텔인터내셔널(www.regalhotel.com)
  * 월드호텔(www.worldhotels.com)
  * 뉴오타니호텔(www.newotani.com)
  * 국내 제휴 호텔 및 리조트
  서울프라자호텔(www.seoulplaza.co.kr)

그랜드 인터컨티넨탈 서울(kr.seoul-grand.intercontinental.com)
쉐라톤 그랜드 워커힐호텔(www.walkerhill.co.kr)
웨스틴 조선호텔(www.chosunbeach.co.kr)
코엑스 인터컨티넨탈 서울(kr.seoul-coex.intercontinental.com)
호텔 롯데서울(www.lottehotel.co.kr)
호텔 롯데월드잠실(www.lottehotel.co.kr)
호텔 신라(seoul.shilla.net/kr)
홀리데이인호텔 서울(www.holiday-inn.co.kr)
W Seoul-Walkerhill(www.wseoul.com)
부산 호텔 롯데부산(www.lottehotel.co.kr)
웨스틴 조선비치(www.chosunbeach.co.kr)
부산파라다이스(www.paradisehotel.co.kr)
제주 제주신라(cheju.shilla.net)
호텔 롯데제주(www.lottehotel.co.kr)
라마다 플라자 제주(www.ramadajeju.co.kr)
씨에스호텔(www.seaes.co.kr)
경주 호텔 현대(www.hyundaihotel.com)
설악 켄싱턴호텔(www.kensington.co.kr)
울산 호텔 롯데울산(www.lottehotel.co.kr)
대구 인터불고호텔(www.ibhotel.com)
금호리조트(제주, 설악, 화순, 충무마리나) (www.kumhoresort.co.kr)
풍림리조트(제주 2박 이상 숙박시) (wwww.poonglimresort.co.kr)

- 1회 숙박당 250마일 적립
  * 인터컨티넨탈호텔 그룹(InterContinental Hotels Group)
    홀리데이인 익스프레스(www.hiexpress.com)
  * 스타우드호텔(Starwood Hotels & Resorts)
    포포인트호텔(www.fourpoints.com)
  * 국내 리조트
    풍림리조트 청평

- 1회 숙박당 100마일 적립
  * 힐튼호텔 체인(The Hilton Family)
    햄턴 인(www.hamptoninn.com)
    햄턴 인 스위트(www.hamptoninn.com)
    스칸딕호텔(www.scandic-hotels.com)

- 전체 사용액 1달러(USD)당 1~3마일 적립
  숙박료 1달러(USD)당 1마일 적립
  * 메리어트호텔 체인(The Marriott Family)

★★ 렌터카

항공사와 제휴된 렌터카를 이용해도 마일리지를 적립할 수 있다. 마일리지 적립을 위해서는 렌터카 예약시 마일리지 회원임을 알려주고 계약시 반드시 회원카드를 제시해야 한다. 렌터카 이용에 대한 마일리지 적립기준은 아시아나항공의 경우 대여일수와 상관없이 허츠(Hertz) 렌터카를 제외한 모든 제휴사가 1회 이용당 500마일을 제공하고, 대한항공은 허츠 렌터카가 1회당 400마일, AVIS 렌터카가 1일당 100마일(연속 이용시 최대 10일까지 인정)을 제공하고 있다. 단, 아시아나클럽은 하루 미만의 대여, 미화 10달러 미만의 대여료가 적용된 경우, 특정 할인요금이 적용된 경우에는 마일리지를 적용하지 않는다. 또 허츠사의 특정 계약요금을 이용할 경우에는 대한항공과 아시아나항공 모두 1회 이용당

제휴 렌터카의 마일리지 적립기준

대한항공	- 1회당 400마일 적립 　허츠 렌터카 　(특정 계약요금 이용시 1회당 200마일) - 1일당 100마일 　AVIS 렌터카 　(연속 이용시 최대 10일까지 인정)
아시아나항공	- 1회당 400마일 적립 　허츠 렌터카 　(특정 계약요금 이용시 1회당 200마일) - 1회당 500마일 적립 　알라모 렌터카(전 세계) 　금호 렌터카(한국) 　그린 렌터카 　아로마 투어(제주)

200마일씩을 적립해 준다. 마일리지의 적립은 각 제휴사의 사정에 따라 달라질 수 있으며, 약 1~2개월 이후에 반영된다. 따라서 마일리지 적립이 확인될 때까지는 발생할 수 있는 누락에 대비해 영수증과 계약서를 보관해 두는 것이 좋다. 마일리지 누락시 대한항공은 최초 차량 대여일로부터 180일 이내에 요청이 가능하고, 아시아나항공의 경우 각 제휴사의 내부지침에 따라 사후 적립 가능여부가 결정된다.

★★ 기타 제휴사

제휴 항공사나 신용카드사, 호텔, 렌터카 이외에도 항공사는 다양한 업체와 제휴 관계를 맺고 있다. 제휴 서비스 측면에서 보면 대한항공보다는 아시아나항공이 다양한 제휴 업체를 통한 서비스를 제공하고 있다. 그러나 이들 제휴에 의한 마일리지 제공은 해당 제휴사와의 제휴 관계, 제휴사의 사정 등에 의해 중단되거나 적립기준이 달라질 수도 있다.

① 대한항공의 기타 제휴사

대한항공은 아시아나항공에 비해 제휴 업체의 폭이 넓지 않은 편이어서 호텔이나 신용카드사와 같은 주요 제휴사를 제외한 기타 제휴 업체로 한국통신과 몇몇 은행과 증권사를 포함하는 금융사 등과 제휴 관계를 맺고 있다. 그리고 이들 업체의 이용액에 대한 마일리지 적립보다는 제휴사 포인트를 마일리지로 전환할 수 있는 형태의 제휴가 주를 이룬다. 대한항공의 기타 제휴사 마일리지 적립기준은 다음과 같다.

제휴사		누적 마일
한국통신 KT 카드		이용금액 1,000원당 1마일 (스카이패스/KT 카드 이용시, 스카이패스/KT 카드 신청시, 등록 전화번호로 일반 국제전화와 시외전화 이용시)
사이버스카이숍		1000포인트를 500 스카이패스 마일로 전환 가능
은행	신한은행	− 환전 5달러당 1마일(1,000달러 이상 환전시) 인터넷 환전시 2달러당 1마일(300달러 이상 환전시) − 인터넷 송금 3달러당 1마일(우대환율 적용시 10달러당 1마일)
	한미은행	− 환전 현금 3달러당 1마일, 여행자수표 4달러당 1마일 − 외화보통예금 3개월 평균잔고가 1,000달러 이상인 경우 10달러당 1마일, 5만 달러까지 − 상호부금 500만 원 이상, 1년제 이상 거치식 로열고수익부금 가입자에 한해 2,500원당 1마일
	농협	− 환전 5달러당 1마일(500달러 초과시) − 송금 20달러당 1마일(1,000달러 초과시)
증권사	메리츠증권	− 24리워드 포인트를 1스카이패스 마일로 전환 가능
	굿모닝 신한증권	− 24리워드 포인트를 1스카이패스 마일로 전환 가능
GS 칼텍스		SIGMA6 보너스 5포인트를 1스카이패스 마일로 전환 가능(연간 1만 마일 한도)

② 아시아나항공의 기타 제휴사

아시아아나항공의 경우 대한항공에 비해 제휴사의 폭이 넓고 또 다양하다. 또한 주요 제휴사뿐 아니라 기타 제휴사도 마일리지 적립 혜택이나 업체수에 있어 대한항공보다 넉넉한 편이다. 따라서 면세점, 통신사, 은행 등 다양한 제휴 업체에서의 마일리지 적립과 전환 서비스가 제공된다.

제휴사 이용 마일리지는 매월 적립액에 따라 제공되며, 적립시점은 제휴사의 사정에 따라 다소간의 차이가 있지만 대개 2개월 이상 소요되는 것으로 보면 된다. 제휴 마일리지가 누락된 경우에는 각 제휴사로 문의한다.

면세점 | 아시아나항공은 국내외 면세점들과의 제휴를 통해 이들 면세점을 이용한 금액에 대해서도 마일리지를 적립해 주고 있다. 대개 1달러(USD)당 1마일씩을 적립해 주고 있으며, 마일리지 적립과 함께 특별 할인 혜택도 부여하고 있다.

이 같은 혜택을 받기 위해서는 해당 면세점에서 물품을 구입할 때 아시아나클럽 카드를 반드시 제시하고 마일리지 적립 및 할인을 요청해야 한다. DFS Galleria의 경우 매장 내에 비치되어 있는 마일리지 적립 양식을 작성하여 제출해야 한다. 또 일부 특별 할인율이 적용된 면세품에 대해서는 마일리지가 적립되지 않을 수 있다.

마일리지 적립시점은 각 제휴사의 사정에 따라 달라질 수 있으며, 구입일로부터 약 1~2개월 이후에 아시아나클럽에 반영된다. 마일리지 적립이 확인될 때까지 발생할 수 있는 누락에 대비해 영수증(기내면세품의 경우, Duty Free Order Sheet 승객영수증)을 꼭 보관하도록 한다. 만약 물품을 구입할 때 아시아나클럽 회원임을 밝히지 않아 마일리지 적립이 누락되었을 경우 각 면세점의 내부지침에 따라 사후 적립의 가능여부가 결정되므로 구입 면세점으로 문의하면 된다.

은행 | 제휴 은행의 환전, 송금을 이용할 경우에도 마일리지를 적립할 수 있다. 이 서비스는 한국 국적의 아시아나클럽 회원에게만 적용되고, 원화를 외화로 환전할 때에만 마일리지가 제공된다. 제휴 은행에서 제공하는 마일리지의 적립시점은 각 제휴사의 사정에 따라 달라질 수 있으며, 환전 이용일로부터 약 1~2개월 이후 아시아나클럽에 반영된다. 마일리지 적립을 확인할 때까지 발생할 수 있는 누락에 대비해 이용대금 영수증과 관련 서류를 보관하는 것이 좋다. 단, 환전할 때 꼭 아시아나클럽 카드를 제시해야 그에 따른 마일리지 적립이 가능하고, 사후 적립은 되지 않는다.

통신사 | 아시아나클럽 회원은 데이콤, 글로벌원, 한국 트래블텔레콤의 통신사 이용에 대해서도 마일리지 적립을 할 수 있다. 데이콤의 경우 데이콤 포인트를 대한항공 마일리지로 전환할 수 있고 마일리지 적립을 요청할 경우 콜링카드, 시외전화 082, 국제전화 002 이용요금에

대해서도 마일리지를 적립해 주고 있다. 글로벌원의 콜링카드를 이용할 때에도 이용액 1달러당 5마일리지를 적립해 준다.

아시아나항공의 기타 제휴사별 마일리지 적립기준

제휴사		누적 마일
통신사	데이콤	– 콜링카드, 002 및 082 이용(누적 요청을 한 경우에 한함) – 데이콤 포인트 마일리지 전환(이용액 1,000원당 1마일)
	글로벌원	– 콜링카드 이용(이용액 1달러당 5마일리지)

은행	국민은행	– 환전
		  5달러당 1마일(500달러 이상 4만 달러 미만 환전시)
		– 송금
		  송금액 20달러당 1마일

	신한은행	– 환전
		  5달러당 1마일(1,000달러 이상 환전시)
		– 인터넷 송금
		  송금액 10달러당 1마일

	우리은행	– 환전 500달러 이상 환전시(우리은행 해외로 보너스카드 선가입) 환전액에 따른 포인트를 마일리지로 전환
	제일은행	– 5달러당 1마일(1,000달러 이상 환전시)
	기업은행	– 5달러당 1마일(1,000달러 이상 환전시)

면세점		– 구매액 1달러당 1마일 적립
		  * 아시아나항공 기내면세품 구매액(주문신청서에 회원번호 및 주민번호를 기재한 아시아나클럽 회원)
		  * 한국관광공사면세점
		  * 파라다이스면세점(부산)
		  * DFS Galleria

마일리지 알차게 사용하기 Ⓜ

차곡차곡 알뜰히 모은 마일리지로 무엇을 할 수 있을까?

적립한 마일리지는 공제하여 무료 항공권의 보너스나 좌석 승급(업그레이드) 보너스로 사용하는 것이 가장 일반적이다. 그러나 항공사마다 마일리지를 활용할 수 있는 다양한 프로그램들을 두고 있어 마일리지의 이용 범위도 좀 더 다양해졌다. 마일리지 적립 측면에서 제휴 업체수와 적립비율을 보면 아시아나항공이 대한항공에 비해 유리한 편이고, 적립된 마일리지 활용 측면에서는 대한항공 쪽이 오히려 더 많은 활용 범위를 제공하고 있다. 대한항공은 항공 외에도 자사 직영호텔을 마일리지 공제로 숙박할 수 있는 '호텔로 마일로' 서비스와 해외 패키지 여행 상품을 이용할 수 있는 서비스, 아울러 세계일주 서비스까지도 제공하고 있다.

＋2005년 상반기, 국내 항공사의 마일리지 제도는 어떻게 바뀌었는가?＋

마일리지 제도의 원조인 항공 마일리지 프로그램을 우리 나라에서는 대한항공이 1984년 처음으로 시행하였다. 1984년 스카이패스 제도를 도입한 후 대한항공은 현재까지 1100만 명의 회원을 모집했고, 아시아나클럽은 2005년 2월 현재 회원수 1000만 명을 돌파했다. 중복 회원이 있기는 하지만 단순 수치상 두 항공사의 마일리지 회원수를 합하면 우리 나라 국민 두 사람 중 한 사람이 항공사 마일리지 고객이라는 결론이 나온다. 이처럼 많은 고객을 확보하고 있기 때문에 항공사의 마일리지 정책 변화는 고객들에게 매우 민감한 사안이 되었다.

그러나 우수 고객에 대한 사은의 의미와 고객 유인을 위한 달콤한 미끼로 시행되어 온 마일리지 프로그램이 최근 들어 항공사 입장에서는 큰 골칫거리로 자리 잡기 시작했다. 항공사들이 발급한 마일리지가 천문학적으로 늘어나면서 눈덩이 같은 부채를 떠안고 있는 상황이 된 것이다. 이 같은 사항은 국내 항공사뿐만 아니라 외국 항공사의 경우도 마찬가지이어서 최근 들어 국내외 항공사들의 마일리지 적용 내용의 축소, 변경이 가시화되고 있는 상황이다.

미국의 경우 항공업체들이 안고 있는 마일리지는 전체적으로 9조 마일이 넘어 5년 만에 50%가 증가했다고 한다. 무료 항공권을 제공받을 수 있는 기본 마일리지가 2만 5000마일인 점을 감안하면 미국 항공사들은 3600만 장의 티켓을 빚지고 있는 셈이다. 이 같은 부채내용과 항공사의 경영악화로 미국 항공사들은 최근 들어 앞다투어 마일리지 적용을 제한, 축소하고 있는 것으로 알려지고 있다.

국내 항공사의 경우 2005년 상반기를 기점으로 일제히 마일리지 적용 기준을 변경하였는데, 대한항공이 2005년 3월 1일부터 새로운 마일리지 규정을 적용하고 있으며, 아시아나항공은 2005년 6월 1일부터 기존의 마일리지 규정을 변경해 새로운 기준을 적용하고 있다. 이들 국내 항공사의 마일리지 변경 내용 역시 기존 혜택의 상당부분이 축소 변경된 것으로 볼 수 있다. 2005년 3월 1일 규정을 변경한 대한항공의 경우 기존의 유리한 규정을 적용받기 위해 몰린 고객들로 한바탕 몸살을 겪었고, 2005년 6월 1일 규정을 변경한 아시아나항공 역시 막판 고객 몰림 현상을 피할 수 없었다.

2005년 상반기에 시행된 국내 항공사들의 마일리지 규정의 변경된 주요 내용을 살펴보면 미주 및 구주 노선 등 장거리 노선에 대한 보너스 마일리지 공제를 대폭 상향 조정하고, 단거리 노선에 대한 마일리지 공제는 기존의 수준을 유지하거나 하향 조정한 것이다.

대한항공의 경우 기존의 5만 5000마일이면 미주지역을 왕복할 수 있었지만 2005년 3월 1일부터 적용되는 마일리지 기준에 따르면 7만 마일이 필요하게 된다. 1마일 가치가 27% 이상 상승한 것이다. 좌석 상향조정의 경우 변경 전에는 3만 5000마일이면 일반석 요금으로 비즈니스석을 이용할 수 있었지만 변경 후에는 2배에 가까운 6만 마일이 있어야 한다. 반면 일본이나 중국, 동남아시아 등 단거리 노선의 경우 기존의 규정보다 적은 마일리지로 여행을 할 수 있게 되었다. 일본과 중국은 기존의 3만 5000마일에서 3만 마일로, 동남아시아 노선은 4만 5000마일에서 4만 마일로 각각 5000마일씩 하향 조정되었다.

6월부터 새로운 규정을 적용한 아시아나항공도 이와 유사한 형태의 마일리지를 적용하고 있다. 기존에 5만 5000마일을 공제하던 미주 노선은 1만 3000마일이 늘어난 6만 8000마일을 공제하고, 유럽 노선의 경우도 기존 6만 5000마일에서 6만 8000마일로 공제 마일리지를 상향 조정했다. 일본, 중국, 동남아시아 등의 단거리 노선은 대한항공이 5000마일씩을 하향 조정한 것과 달리 기존의 공제 마일을 동일하게 적용한다.

이상의 내용을 정리하면, 보너스 항공권을 이용한 장거리 여행은 기존의 규정보다 혜택이 축소되었고, 단거리 노선은 기존의 혜택을 유지하거나 오히려 혜택이 다소간 확대된 것으로 볼 수 있다. 국내선의 경우 대한항공, 아시아나항공 모두 변경 전과 같은 1만 마일 공제를 그대로 유지하고 있다.

✈ 대한항공의 취항도시별 공제지역 구분

일 본	도쿄(하네다), 오사카, 나고야, 니가타, 후쿠오카, 오이타, 오카야마, 가고시마, 삿포로, 아오모리, 아키타, 나가사키
동북아	베이징, 블라디보스토크, 선양(심양), 샤먼, 우한, 울란바토르, 산둥성(지난), 산야, 칭다오(청도), 쿤밍, 텐진, 엔타이, 상하이, 시안(서안), 타이베이
동남아	홍콩, 방콕, 싱가포르, 쿠알라룸푸르, 자카르타, 호치민, 마닐라, 괌, 하노이
서남아	뭄바이(봄베이)
대양주	시드니, 브리즈번, 오클랜드, 난디, 크라이스트처치
북 미	로스앤젤레스, 뉴욕, 시카고, 샌프란시스코, 워싱턴, 애틀랜타, 댈러스, 앵커리지, 호놀룰루, 밴쿠버, 토론토
구 주	파리, 프랑크푸르트, 취리히, 런던, 로마, 모스크바
중 동	두바이, 카이로

구 간		시 즌	일반석	프레스티지석	일등석	일등석 슬리퍼시트
한국 내 국내선		비수기 성수기	10,000 15,000	12,000 18,000	– –	– –
한 국	일본/ 동북아	비수기 성수기	30,000 45,000	45,000 65,000	60,000 90,000	– –
	동남아	비수기 성수기	40,000 60,000	60,000 90,000	80,000 120,000	– –
	서남아	비수기 성수기	50,000 75,000	75,000 110,000	100,000 150,000	– –
	북미/ 대양주	비수기 성수기	70,000 105,000	105,000 155,000	140,000 210,000	160,000 240,000
	구주/ 중동	비수기 성수기	70,000 105,000	105,000 155,000	140,000 210,000	160,000 240,000
일본	동북아	비수기 성수기	40,000 60,000	60,000 90,000	80,000 120,000	–
일본/ 동북아	동남아	비수기 성수기	40,000 60,000	60,000 90,000	80,000 120,000	–
	서남아	비수기 성수기	50,000 75,000	75,000 110,000	100,000 150,000	–
	북미/ 대양주	비수기 성수기	70,000 105,000	105,000 155,000	140,000 210,000	160,000 240,000
	구주/ 중동	비수기 성수기	70,000 105,000	105,000 155,000	140,000 210,000	160,000 240,000
동남아	서남아	비수기 성수기	70,000 105,000	105,000 155,000	140,000 210,000	– –
	북미/ 대양주	비수기 성수기	85,000 125,000	125,000 185,000	170,000 250,000	190,000 285,000
	구주/ 중동	비수기 성수기	85,000 125,000	125,000 185,000	170,000 250,000	190,000 285,000
서남아	북미/ 대양주	비수기 성수기	95,000 140,000	140,000 210,000	190,000 280,000	210,000 315,000
	구주/ 중동	비수기 성수기	95,000 140,000	140,000 210,000	190,000 280,000	210,000 315,000
대양주	북미	비수기 성수기	110,000 165,000	165,000 245,000	220,000 330,000	240,000 360,000
	구주/ 중동	비수기 성수기	110,000 165,000	165,000 245,000	220,000 330,000	240,000 360,000

✈ 아시아나항공의 보너스 항공권 공제 마일리지(2005년 6월 1일 이후 시행, 왕복기준)

구 분	이코노미 클래스		비즈니스 클래스		일등석	
	현 행	변 경	현 행	변 경	현행	변경
국내선	10,000	10,000	–	–	–	–
한일/동북아	35,000	35,000	45,000	45,000	65,000	65,000
동남아	45,000	45,000	60,000	60,000	80,000	80,000
서남아	50,000	50,000	65,000	75,000	85,000	100,000
미주/대양주	55,000	68,000	70,000	100,000	90,000	135,000
유럽	65,000	68,000	85,000	100,000	115,000	135,000
서울경유여정						
일본 – 동북아	45,000	45,000	60,000	60,000	90,000	90,000
일본/동북아 – 동남아	55,000	55,000	70,000	70,000	100,000	100,000
일본/동북아 – 서남아	60,000	60,000	80,000	80,000	110,000	110,000
일본/동북아 – 미주/대양주	65,000	75,000	85,000	110,000	120,000	150,000
일본/동북아 – 유럽	75,000	75,000	105,000	110,000	145,000	150,000
동남아 – 유럽	75,000	85,000	105,000	125,000	145,000	170,000
동남아 – 서남아	–	70,000	–	105,000	–	140,000
동남아 – 미주/대양주	70,000	85,000	105,000	125,000	140,000	170,000
서남아 – 미주/대양주	80,000	95,000	110,000	140,000	150,000	190,000
대양주 – 미주	88,000	105,000	120,000	160,000	160,000	210,000
대양주 – 유럽	100,000	105,000	130,000	160,000	170,000	210,000

+보너스 항공권 이용과 좌석 승급 보너스+

마일리지는 보너스 항공권과 좌석 승급(Upgrade) 보너스 등에 사용할 수 있다. 보너스 항공권은 마일리지 회원 본인을 포함해 조부모(외조부모 포함), 부모, 배우자, 배우자의 부모, 형제, 자매, 자녀, 자녀의 배우자, 손자, 손녀(외손자, 외손녀)까지 사용할 수 있다.

회원 1인의 계좌에서 동일 조건의 왕복 보너스 항공권을 2매 이상 동시에 신청, 발급 받을 경우 총합산 공제 마일의 10% 할인이 적용된다.

보너스 항공권의 유효기간은 대한항공이 6개월이고, 아시아나항공은 1년이다. 단, 대한항공의 경우 추가로 5000마일을 공제하고 3개월간 유효기간을 연장할 수 있으며, 유효기간의 연장은 총 2회까지 할 수 있다. 아시아나항공의 보너스 항공권은 유효기간 연장을 할 수 없다.

만약 보너스 항공권의 전체 또는 일부를 사용하지 못했을 경우 사용한 구간에 대한 공제 마일리지를 제외하고 잔여구간의 보너스는 다시 마일리지로 환급 받을 수도 있다. 마일리지 환급 요청 시점에 따라 1년을 기점으로 일정 분의 마일리지 공제와 수수료가 부과되기도 한다. 보너스 항공권 예약석은 일반 항공권 예약석과 구분되어 운용될 수 있기 때문에 예약시 보너스 항공권으로 여행함을 반드시 알려주어야 한다. 그렇지 않을 경우 탑승을 거절당할 수도 있다.

대한항공과 아시아나항공 모두 다른 항공사와 공동운항하는 항공편에 대해서는 보너스 항공권의 이용이 제한되고, 편도 이용시는 왕복 공제 마일리지의 50%를 공제하게 된다. 자세한 보너스 항공권의 내용을 살펴보면 다음과 같다.

★★ 탑승제한

보너스 항공권의 경우 설연휴, 추석연휴, 여름휴가와 연말연시의 성수기에는 일정량의 탑승제한이 존재한다. 만약 이 기간에 보너스 항공권을 이용하고자 한다면, 기존의 공제 마일리지에서 50%를 추가 공제해야 한다. 단, 다이아몬드회원이나 플래티늄회원이 본인의 마일리지를 이용해 여행할 경우는 적용되지 않는다.

> **》》》 탑승 제한기간(성수기)**
>
> _ 국내선 : 설연휴, 추석연휴, 7/28～8/10, 12/30～1/1
> _ 국제선 : 7/20～8/20, 12/23～31

★★ 보너스 항공권의 유효기간

보너스 항공권의 유효기간은 대한항공은 발권일로부터 6개월, 아시아나항공은 발권일로부터 1년이다. 대한항공의 경우 5000마일을 추가로 공제하고 3개월간의 유효기간 연장을 총 2회까지 할 수 있다. 아시아나항공은 보너스 항공권의 기본 유효기간을 1년으로 넉넉히 두는 대신 유효기간 연장은 할 수 없다.

★★ 보너스 항공권의 마일리지 환급

대한항공과 아시아나항공 모두 사용하지 않은 보너스 항공권에 대해서는 1년 이내에는 전액 마일리지 환급을 해주고 있다. 세부적으로 살펴보면 아시아나항공은 발권일로부터 1년 이내인 보너스 항공권에 대해서 수수료 없이 전액 환급을 받을 수 있고, 1년이 지난 경우에는 1만 마일을 공제한 후 전액 환급하거나 100달러의 수수료를 적용해 마일리지 환급을 해주고 있다. 대한항공은 보너스 항공권 발급일로부터 6개월 이후에는 5000마일, 1년 이후에는 1만 마일을 공제한 후 마일리지 환급을 해주고 있다.

구간		시즌	일반석 → 프레스티지석	프레스티지석 → 일등석	일등석 → 일등석 슬리퍼시트
한 국	국내선	평수기	3000	–	–
		성수기	4000	–	–
	일본/동북아	평수기	20,000	20,000	–
		성수기	30,000	30,000	–
	동남아	평수기	25,000	25,000	–
		성수기	35,000	35,000	–
	서남아	평수기	25,000	25,000	–
		성수기	35,000	35,000	–
	북미/대양주	평수기	60,000	60,000	20,000
		성수기	90,000	90,000	30,000
	구주/중동	평수기	60,000	60,000	20,000
		성수기	90,000	90,000	30,000
일본	동북아	평수기	20,000	20,000	–
		성수기	30,000	30,000	–
일본 동북아	동남아	평수기	25,000	25,000	–
		성수기	35,000	35,000	–
	서남아	평수기	25,000	25,000	–
		성수기	35,000	35,000	–
	북미/대양주	평수기	60,000	60,000	20,000
		성수기	90,000	90,000	30,000
	구주/중동	평수기	60,000	60,000	20,000
		성수기	90,000	90,000	30,000
동남아	서남아	평수기	45,000	45,000	
		성수기	65,000	65,000	
	북미/대양주	평수기	75,000	75,000	20,000
		성수기	110,000	110,000	30,000
	구주/중동	평수기	75,000	75,000	20,000
		성수기	110,000	110,000	30,000
서남아	북미/대양주	평수기	75,000	75,000	20,000
		성수기	110,000	110,000	30,000
	구주/중동	평수기	75,000	75,000	20,000
		성수기	110,000	110,000	30,000
대양주	북미	평수기	105,000	105,000	20,000
		성수기	155,000	155,000	30,000
	구주/중동	평수기	105,000	105,000	20,000
		성수기	155,000	155,000	30,000

구 분	Y(정상요금*) → C		Y(할인요금) → C		C → F	
	현 행	변 경	현 행	변 경	현 행	변 경
한일/동북아	15,000	15,000	22,500	22,500	20,000	22,500
동남아	15,000	15,000	22,500	25,000	20,000	25,000
서남아	15,000	15,000	22,500	25,000	20,000	25,000
미주/대양주	25,000	40,000	37,500	58,000	30,000	58,000
유럽	30,000	40,000	45,000	58,000	35,000	58,000
서울경유여정						
일본 – 동북아	20,000	20,000	30,000	30,000	25,000	30,000
일본/동북아 – 동남아	25,000	25,000	35,000	35,000	30,000	35,000
일본/동북아 – 서남아	25,000	25,000	35,000	35,000	30,000	35,000
일본/동북아 – 미주/대양주	35,000	40,000	45,000	60,000	40,000	60,000
일본/동북아 – 유럽	40,000	40,000	55,000	60,000	45,000	60,000
동남아 – 유럽	40,000	50,000	55,000	75,000	45,000	75,000
동남아 – 서남아	–	30,000	–	40,000	–	40,000
동남아 – 미주/대양주	40,000	50,000	55,000	75,000	45,000	75,000
서남아 – 미주/대양주	40,000	50,000	55,000	75,000	45,000	75,000
대양주 – 미주	40,000	60,000	60,000	100,000	48,000	100,000
대양주 – 유럽	45,000	60,000	65,000	100,000	55,000	100,000

- 동북아 : 중국(홍콩 제외), 하바로프스크, 사할린

- 동남아 : 방콕, 싱가포르, 마닐라, 자카르타, 호치민 시티, 홍콩, 사이판, 괌

- 서남아 : 알마티, 뉴델리, 타슈켄트

★★ 복수의 보너스 항공권 할인

회원 1인의 계좌에서 2장 이상의 왕복 보너스 항공권을 동시에 신청, 발급받는 경우 총합산 공제 마일의 10% 할인이 적용된다. 단, 복수 항공권의 여정(출발 및 도착 지역)이 동일하고, 왕복 모두 같은 클래스, 같은 시즌(성수기 및 비수기)이어야 한다. 편도 보너스 항공권과 좌석 승급 및 유아용 보너스는 할인이 적용되지 않고, 클래스 또는 출발 및 도착 지역을 변경하거나 미사용 구간에 대해 마일리지를 환급할 경우 이미 전 구간에 대해 적용한 10% 할인은 무효 처리된다.

★★ 보너스 항공권의 양도

원칙적으로 보너스 항공권은 항공권에 표기된 본인만이 사용할 수 있으며, 타인에게 팔거나 양도할 수 없다. 다만 국내 항공사들은 가족 범위 내에서 보너스 항공권의 양도를 허용하고 있다. 만약에 가족이 보너스 혜택을 받고자 한다면 가족 관계를 증명할 수 있는 서류를 제출하고 회원 가족으로 사전 등록하는 절차를 밟아야 한다.

대한항공과 아시아나항공은 부부와 그 직계가족(배우자, 자녀, 부모, 배우자 부모, 친조부모, 외조부모, 형제, 자매, 사위, 며느리, 손자, 손녀)의 범위 내에서 보너스 항공권을 양도할 수 있도록 하고 있다.

보너스 항공권을 양도할 때는 양도자가 직접 보너스 발급 신청서에 서명해야 하며, 가족 관계 증빙자료(주민등록등본 또는 호적등본 중 한 가지) 원본을 제출해야 한다. 양도하는 회원이 직접 방문하기 어려울 때는 수혜자나 대리인이 양도인의 위임장과 신분증을 제출하면 된다.

또 아시아나항공은 다이아몬드 이상의 회원일 경우 회원의 동의하에 타인에게 보너스 항공권을 양도할 수 있도록 하고 있다. 보너스 항공권을 타인에게 양도할 때에는 양도자가 직접 보너스 발급 신청서에 서명해야 한다.

보너스 항공권에서 알아두어야 할 유의사항

	대한항공	아시아나항공
탑승제한	성수기(설, 추석, 여름, 겨울 성수기) – 국내선 : 설연휴, 추석연휴, 7/28 ~ 8/10, 12/30 ~ 1/1 – 국제선 : 7/20 ~ 8/20, 12/23 ~ 31	
타인에게 양도	– 원칙적으로 타인에게 양도 불가 – 부부와 직계가족 범위 내에서 양도 　* 양도 가능한 가족범위(배우자, 자녀, 부모, 배우자 부모, 친조부모, 외조부모, 형제, 자매, 사위, 며느리, 손자, 손녀)	
복수 항공권 할인	보너스 항공권을 2매 이상 구입시 추가 10% 할인	
유효기간	발급일로부터 6개월(유효기간 연장 2회까지 가능, 1회 연장시 5000마일 추가 공제)	발급일로부터 1년 (유효기간 연장 불가)
마일리지 환급	– 보너스 항공권 발급일로부터 6개월 이후에는 5000마일 공제 후 환급 – 보너스 항공권 발급일로부터 1년 이후에는 1만 마일 공제 후 환급	– 보너스 항공권 발급일로부터 1년 이내에는 무료 – 보너스 항공권 발급일로부터 1년 이후에는 1만 마일 공제 또는 수수료 100달러 부과 후 환급
예약시 유의점	보너스 항공권 이용을 예약시 공지 (공지하지 않을 경우 탑승거절 사유가 될 수 있음)	

+제휴 항공사의 보너스 항공권 이용하기+

적립된 마일리지로 국내 양대 항공사가 가입하고 있는 항공 연합체(스카이팀, 스타 얼라이언스)의 항공편을 무료로 이용할 수도 있다. 제휴 항공사에서도 보너스 항공권을 적용받을 수 있는데, 대부분 국내 항공사들의 보너스 항공권 규정과 유사하지만 국내 항공사를 이용한 무료 항공권 이용보다 다소 까다로운 제한사항들이 있다.

먼저 제휴 항공사의 무료 항공권을 이용하기 위해서는 해당 제휴 항공사에 직접 예약 및 발권을 의뢰하는 것이 아니라 이 항공사와 제휴 관계에 있는 국내 항공사, 즉 대한항공이나 아시아나항공을 통해서 예약 및 발권을 해야 한다. 국내 항공사의 보너스 항공권은 편도 여정이나 좌석 승급의 보너스가 자유롭지만 보너스 항공권을 통한 제휴 항공사를 이용할 때에는 반드시 왕복 여정으로만 예약 및 발권이 가능하고 좌석 승급 보너스도 제공되지 않는다. 보너스 항공권의 마일리지 환급에 있어서도 일부라도 사용된 항공권은 환급이 안 되며, 전체 미사용 항공권의 경우에 한해 대한항공은 발급일로부터 6개월 이후 5000마일, 1년 이후 1만 마일을 추가로 공제하고 마일리지 환급을 해주고 있다. 아시아나항공의 경우도 전체 미사용 보너스 항공권에 대해서만 마일리지 환급을 해주고 있다. 또 복수 보너스 항공권 발권시 적용되는 10% 할인 혜택도 적용되지 않는다.

단, 스타 얼라이언스 항공편을 탑승할 때 아시아나클럽의 보너스 항공권 양도 범위 이내에서 타인에게의 양도는 허용되고 있다. 만약 아시아나클럽에 가입하지 않은 회원이 보너스 항공권을 양도 받아 스타 얼라이언스 항공편에 탑승하려면 우선 아시아나클럽 회원으로 가입한 이후 보너스 항공권을 이양받을 수 있다.

+마일리지로 무료 숙박하기+

대한항공은 적립한 마일리지를 공제하여 호텔을 이용할 수 있는 '마일로 호텔로' 특별 상품을 제공하고 있다. 이 상품은 호텔 사용자 가운데 반드시 회원 본인이 포함되어야 하며, '가족마일리지합산 보너스제도(Family Plan)'를 이용할 수 없다. 마일리지로 이용할 수 있는 국내 호텔은 제주 KAL호텔과 서귀포 KAL호텔이다. 이 호텔들은 주중 1만 2000마일 공제, 주말 2만 마일 공제로 이용할 수 있고 성수기에는 2만 5000마일을 공제해야 이용할 수 있다. 하얏트리젠시 인천은 주중 2만 마일 공제, 주말 2만 3000마일 공제로 이용할 수 있다. 해외 호텔 가운데는

LA 윌셔그랜드호텔이 2만 마일 공제로 이용할 수 있으며, 와이키키리조트는 1만 5000마일 공제로 이용을 할 수 있다.

'마일로 호텔로' 상품을 이용하려면 호텔 예약 후 대한항공 지점에서 마일리지를 공제한 쿠폰을 발급받아 호텔 프런트에 제출하면 된다. 호텔 이용시 스카이패스 카드와 신분증을 함께 제시해야 한다.

아시아나항공도 마일리지를 이용한 숙박상품을 제공하고 있는데, 2004년 12월 15일부터 아시아나클럽 회원이 자신의 마일리지로 충무·제주·화순·설악에 위치한 금호리조트를 이용할 수 있도록 하고 있다. 충무·제주·화순·설악에 위치한 금호리조트 27평형, 1박 기준으로 주중(일~금요일)에는 1만 2000마일을 공제하며 주말(토요일)의 경우 1만 8000마일을 공제하는 조건이다. 단, 제주리조트의 경우 금요일과 주말만 해당한다. 이 서비스를 이용해 무료 숙박을 하려면 금호리조트 예약 대표전화(02-725-5399)를 통해 예약하면 된다.

+마일리지로 패키지 여행 즐기기+

마일리지로 국내외의 다양한 패키지 여행을 떠날 수 있는 서비스도 제공되고 있는데, 이는 국내 항공사 중 대한항공이 실시하고 있다. 대한항공은 마일리지 회원을 위한 다양한 마일리지 특선 여행상품을 제공하고 있는데, 대한항공 스카이패스 마일리지만으로 해외 여행 또는 제주도 등을 여행할 수 있는 패키지 여행상품을 내놓고 있다.

주요 여행지별 마일리지 상품은 하와이 5일(12만 마일 공제), 호주 6일(11만 마일 공제), 피지 5일(14만 마일 공제), 홍콩 3일(6만 5000마일 공제), 방콕·파타야 5일(5만 마일 공제) 등이다. 제주 3일 생태여행의 경우에는 3만 5000마일을 공제받고 여행을 즐길 수 있다.

2005년 대한항공 마일리지 여행상품

지 역	상 품 명		공제 마일
동남아	태국(방콕·파타야)	5일	60,000
	필리핀(마닐라·보라카이)	5일	85,000
	싱가포르(바탐)	5일	70,000
	말레이시아(페낭 골프)	5일	85,000
	홍콩	3일	65,000
중 국	상해	4일	55,000
	청도 골프투어	3일	65,000
일 본	후쿠오카	3일	70,000
	아키타	3일	70,000
대양주	호주(시드니)	6일	110,000
	뉴질랜드(북섬)	6일	110,000
	피지	5일	140,000
북 미	하와이(오하우섬)	5일	120,000
	미서부(샌프란시스코, LA)	8일	140,000
	미동부(뉴욕, 캐나다)	9일	190,000
구 주	베네룩스 3국	7일	220,000
국 내	제주 생태여행	3일	35,000

마일리지 특선 여행상품은 항공권과 숙박은 물론 현지 투어 등 모든 여행경비를 마일리지에서 공제함으로써 현금 결제를 대신하는 것이다.

이 서비스를 이용하는 방법은 대한항공 홈페이지(www.koreanair.co.kr)의 패키지 여행상품 목록에서 자신이 원하는 상품을 선택한 후 주관 여행사에 예약하면 된다. 패키지 여행상품을 이용하기 위한 마일리지가 부족하다면 항공권만 마일리지로 공제하고 호텔, 관광 등의 여행경비는 현금으로 결제할 수도 있다. 예를 들어 6만 5000마일이 필요한 홍콩 3일 패키지 여행상품의 경우 항공권은 마일리지(4000마일)를 이용하고 나머지 경비 24만 원만 지불하면 된다.

＋마일리지로 세계일주 떠나기＋

이 서비스는 국내 항공사 중 대한항공에서만 제공하는 마일리지 프로그램이다.

세계일주 보너스란 대한항공이 스카이패스 회원에게 제공하는 특별 서비스로 대한항공 스카이패스 마일리지를 이용해 세계일주 여행을 다녀올 수 있는 프로그램이다. 글로벌 얼라이언스 '스카이팀(Sky Team)' 회원사인 대한항공, 아에로멕시코, 알리탈리아, 에어프랑스, 체코항공, 델타항공, 콘티넨탈항공, KLM 네덜란드항공, 노스웨스트항공이 운항하는 구간을 이용하여 전 세계를 여행할 수 있는 보너스를 말한다. 비즈니스 클래스를 이용할 경우 22만 마일, 일반석을 이용할 경우 14만 마일이 필요하다. 소아 및 유아도 좌석 예약을 할 수 있고 성인과 동일한 마일리지 공제가 이루어진다.

세계일주 보너스를 이용할 때 전체 여정 중 최대 6회에 걸쳐 경유지에서 체류하는 것이 가능하며, 한 대륙에서 최대 3회에 한해 경유지에서 체류할 수 있다. 여정도중 승객의 비용 부담으로 비항공편 이용도 가능한데, 이 경우 한 번의 도중 체류로 간주된다. 세계일주 보너스는 전 구간 예약이 모두 확약된 상태에서 보너스를 받는 것이 원칙이지만, 첫 번째 대양을 건너가는 여정까지 예약이 확약되면 여행도중 승객이 직접 대한항공에 연락하여 예약여부를 확인하거나 대체편을 예약하는 조건으로 보너스를 받을 수도 있다.

세계일주 보너스 항공권의 유효기간은 발급일로부터 1년 이내이며, 유효기간 연장은 불가능하기 때문에 1년 이내에 모든 여정을 끝내야 한다.

세계일주 보너스 항공권 이용시 일반 회원의 경우 각 구간별로 운항하는 항공사의 보너스 사용 제한기간이 적용된다. 그러나 모닝캄 프리미엄 및 밀리언 마일러 회원의 경우는 보너스 사용 제한기간이 적용되지 않는다.

세계일주 보너스는 보너스 전체 구간을 사용하지 않은 경우 마일리지 환불을 받을 수 있다. 보너스 항공권 발급 후로부터 6개월 경과시 5000마일, 1년 경과시 1만 마일 수수료를 제외한 후 마일리지로 환급받을 수 있다. 그러나 단 한 구간이라도 이미 여행을 시작했다면 나머지 마일리지의 환급은 받을 수 없다. 또 마일리지로 세계일주 보너스를 받은 경우 유상 또는 마일리지 보너스로 좌석 승급은 할 수 없다.

+기타 마일리지 활용하기+

아시아나항공은 2004년 4월부터 미국 노선 및 사이판 노선 이용객을 대상으로 초과 항공수하물 요금을 마일리지로 지불할 수 있도록 하고 있다. 구간별 마일리지 공제량은 LA · 샌프란시스코 · 시애틀 등 미국 서부 노선의 경우에는 추가되는 수하물 1개(가방, 상자 등 한 꾸러미)당 6000마일, 동부 뉴욕 노선의 경우에는 7500마일을 공제한다. 이 밖에도 2004년 5월부터 인천국제공항과 김포공항에서 마일리지를 공제하고 라운지를 이용할 수 있는 서비스를 시행하고 있다. 인천국제공항의 라운지를 이용할 경우 3000마일, 김포공항의 라운지를 이용할 경우 1500마일이 공제된다.

 ## 항공 마일리지, 이것만은 기억하자!

1. 마일리지 혜택을 받으려면 회원가입부터 하자

마일리지 적립은 반드시 마일리지 회원으로 가입한 이후 탑승한 항공편에 대해서만 적용된다. 회원에 가입하지 않은 상태에서 아무리 많은 항공편을 이용했다 해도 이 경우는 마일리지로 적립되지 않는다. 마일리지 제도의 혜택을 부여받기 위한 첫걸음은 먼저 이용하는 항공사의 마일리지 회원으로 가입하는 일이다.

2. 마일리지 적립은 미리 미리 하자

항공권을 예약할 때나 구입할 때, 그리고 탑승 수속을 할 때 반드시 자신의 회원번호를 알려주도록 한다. 대개 공항에서 탑승 수속시 마일리지 카드를 제시하거나 회원번호를 알려주어 마일리지를 적립하지만, 마일리지 카드를 가지고 있지 않거나 회원번호를 기억하지 못할 경우에는 주민등록번호를 통해서도 자신의 마일리지 회원 여부가 확인된다. 이처럼 탑승 수속시 마일리지 적립 절차가 이루어졌다면 탑승 완료 후 마일리지는 자동적으로 적립된다.

3. 항공권과 탑승권, 절대 버리지 않는다

만약 예약이나 탑승 수속시 마일리지 적립을 하지 못했다면 국내 항공사(대한항공, 아시아나항공)의 경우 탑승일로부터 1년 이내, 외국 항공사의 경우 탑승일로부터 6개월 이내에 누락된 마일리지를 적립할 수 있게 하고 있다. 이처럼 누락된 마일리지를 적립하기 위해서는 탑승권(Boarding Pass)과 승객용 항공권(Passenger Coupon) 두 가지를 제시해야 사후 적립을 할 수 있다. 국내선의 경우 탑승권 제출만으로도 누락된 마일리지 제공이 가능하지만, 국제선의 경우 탑승권과 승객용 항공권을 함께 제출해야 한다. 항공권 영수증은 마일리지 입력이 가능한 항공권과 불가능한 항공권의 구별을 위해 필요하고, 탑승권은 실제 탑승 여부를 확인하기 위해서 필요하기 때문이다. 따라서 탑승권과 승객용 항공권은 마일리지 입력이 확인될 때까지 반드시 보관하도록 한다.

만약 항공권 영수증과 탑승권을 보관하고 있지 않다면, 항공권 영수증은 해당 항공권을 발급한 항공사 지점이나 여행사에 문의하면 발급 받을 수 있다. 이때 발급한 일자를 알고 있으면 쉽게 찾을 수 있으며, 탑승권이 없을 경우에는 항공사에 문의하면 탑승 내역을 확인해 준다.

대한항공의 경우 인터넷 홈페이지를 통해서도 누락된 마일리지의 적립을 신청할 수 있다(대한항공 홈페이지 ⇒ 회원 로그인 ⇒ 마이 스카이패스 ⇒ 누락 마일리지 신청).

4. 항공사 홈페이지 100배 활용하기

각 항공사는 인터넷 회원 가입을 통해 마일리지 적립 여부를 바로 확인할 수 있도록 하고 있으며, e-mail을 통해서 마일리지 적립내용을 알려주고 있다. 자신의 탑승 내역이 마일리지로 적립되었는지를 온라인상에서 쉽게 확인하려면 항공사 인터넷 회원으로 등록해 자신의 마일리지 적립 여부를 체크하는 것이 좋다.

대한항공 홈페이지(www.koreanaiar.co.kr)와 아시아나항공 홈페이지(www.flyasiana.com)를 참조하면 된다.

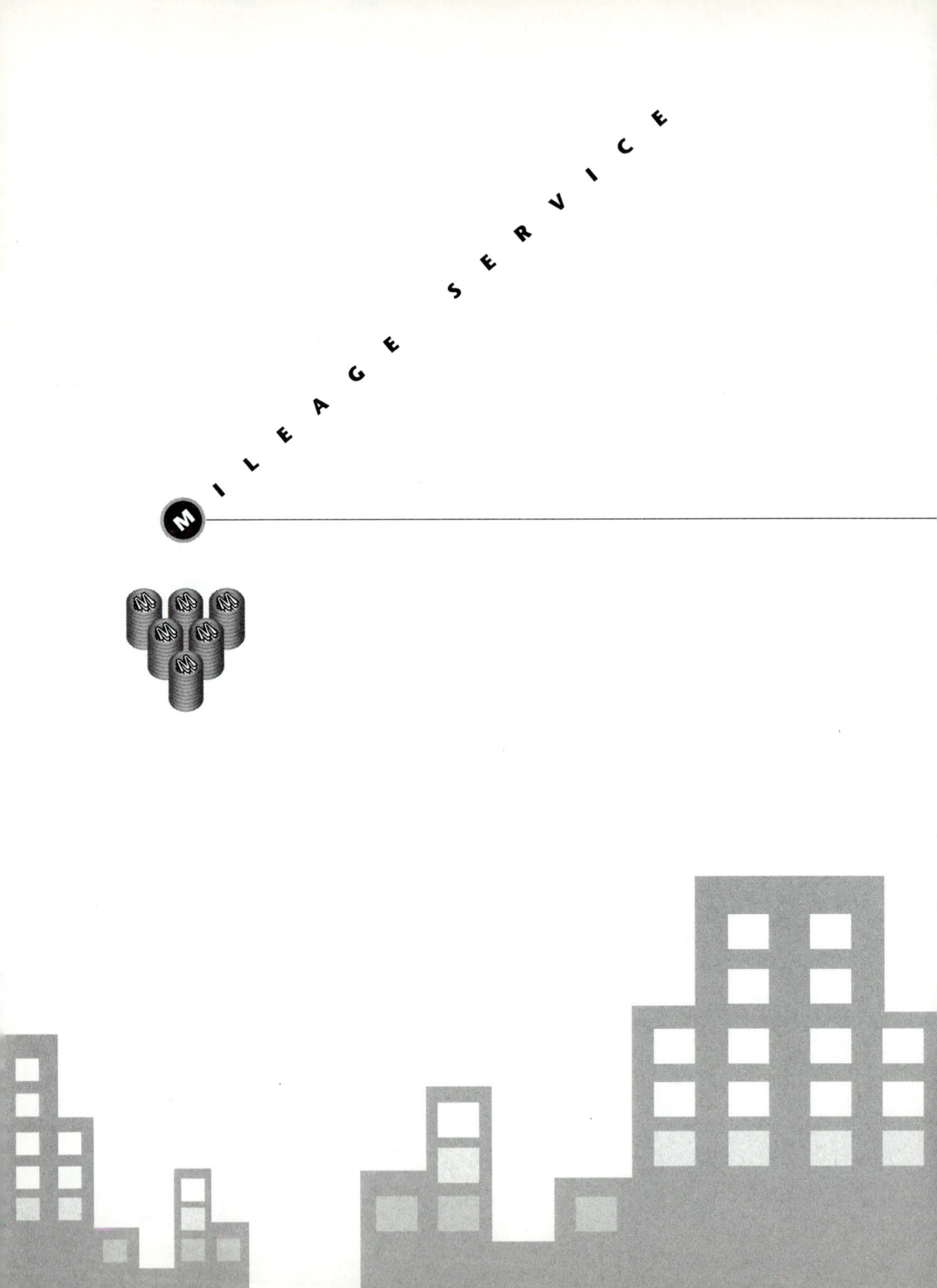

MILEAGE SERVICE

모바일 특권, 이동통신사의
멤버십 프로그램

현재 국내 이동전화 보급률은 4인 가족 1가구당 휴대폰 3.6대로 약 80%대를 육박하고 있다. 이 자료는 국민 10명 중 8명이 휴대전화를 가지고 있는 것으로 해석할 수 있으며, 이에 따라 이동통신사의 서비스 내용이 국민 대다수의 생활과 밀접한 연관관계를 가지고 있는 것으로 풀이할 수 있다. 때문에 각 이동통신사가 운영하고 있는 멤버십 프로그램은 극장 할인이나 베이커리 할인, 또는 편의점 이용 할인 혜택과 같은 다분히 생활밀착형 서비스들이 많다. 이동전화 가입자라면 이동통신사 멤버십 카드를 통해 알뜰한 생활을 누릴 수 있는 다양한 혜택들을 제공받을 수 있다. 국내 이동통신 3사가 시행하고 있는 멤버십 내용에 대해 알아보도록 한다.

이동통신사의 멤버십이란? 

+이동통신사의 멤버십, 왜 좋은가? +

　요즘 제돈 주고 영화를 보면 어쩐지 손해보는 느낌이다. 이동통신사의 멤버십을 이용하면 등급에 따라 공짜 영화도 볼 수 있고, 적어도 2,000원 선의 입장료 할인을 받을 수 있기 때문이다. 패밀리 레스토랑이나 편의점, 놀이공원의 입장권이나 각종 베이커리에서 빵 구매시, 커피 전문점에서 커피를 마실 때에도 이동통신사의 멤버십 카드만 있으면 10~20% 할인은 거뜬하다. 이처럼 이동통신사 멤버십 카드는 일상생활에 유용한 각종 서비스를 제공하고 있다.

　이 같은 할인 혜택과 편의를 제공하는 이동통신사 멤버십 카드가 좋은 또 하나의 이유는 발급에 필요한 어떠한 비용도 들지 않는다는 것이다. 여느 신용카드처럼 가입비나 연회비가 드는 것이 아니라 이동전화를 사용하는 가입자라면 누구나 자신이 사용하고 있는 이동전화 서비스의 멤버십 카드를 발급 받을 수 있는 것이다.

　모든 이동통신사는 주민등록번호당 하나의 멤버십 카드만을 발급하도록 하고 있다. 따라서 한 사람 명의로 여러 대의 이동전화를 사용하고 있더라도 멤버십 카드는 하나만 발급 받을 수 있다. 예를 들어 철수가 여자친구인 영희의 이동전화를 자신의 명의로 가입했다면, 철수 명의의 휴대전화는 두 대이지만 철수는 두 개의 멤버십 카드를 받을 수 없다. 다만 실사용자인 영희가 자신의 명의로 멤버십 카드를 발급 받을 수는 있다.

이처럼 가입자의 명의와 실사용자의 명의가 다르더라도 멤버십 카드 발급이 가능하기 때문에 젊은층에서는 멤버십 활용도가 낮은 부모님 명의로 멤버십 카드를 발급 받아 폭넓게 멤버십 카드를 활용하는 사례도 늘고 있다.

이동통신사의 멤버십 카드는 특별한 유효기간이 정해져 있지 않고, 통신 서비스에 가입되어 있는 동안 멤버십 자격이 유지된다. 다만 연체나 일시정지와 같은 서비스 이용 공백 기간에는 멤버십 카드 혜택도 사용할 수 없고, 이동통신 해지와 동시에 멤버십 자격도 박탈된다.

+멤버십 카드 발급 받기+

SK 텔레콤 멤버십 카드를 발급 받는 방법은 인터넷을 통해 발급 받는 방법, 고객센터로 전화를 걸어 발급 받는 방법, 그리고 멤버십 카드 즉시발급 지점을 통해 발급 받는 방법이 있다.

SK 텔레콤 패밀리 사이트 중 인터넷을 통해 멤버십 카드를 발급 받을 수 있는 곳은 현재 세 곳이 있다.

TTL(www.ttl.co.kr), ting(www.011010ting.com), 그리고 SK 텔레콤 멤버십 사이트(www.sktmembership.com)이다. 그 가운데 SK 텔레콤 멤버십 사이트에서는 TTL, ting을 포함하여 리더스클럽 멤버십 카드까지 발급 받을 수 있다.

고객센터를 통한 멤버십 카드 발급은 가지고 있는 SK 텔레콤 휴대전화로 국번 없이 114 또는 1566-0011으로 전화해 SK 텔레콤 멤버십 카드를 신청하면 간단한 본인확인 절차를 거쳐 발급 받을 수 있다. 이렇게 인터넷 사이트나 고객센터를 통해 카드 발급 신청을 할 경우 우편으로 발송되기 때문에 멤버십 카드 발급까지는 약 2주일 정도의 시간이 걸린다. 명의자가 아닌 다른 사용자가 멤버십 카드 발급을 원할 경우에도 고객센터로 FAX를 통해 구비 서류를 송부하면 확인 후 카드 발급을 받을 수 있다.

이렇게 2주일의 시간을 소요하지 않고 멤버십 카드를 즉시 발급 받고 싶다면 가까운 SK 텔레콤 지점 또는 멤버십 카드 발급이 가능한 즉시발급 지점을 방문해 신분증을 제시하면 멤버십 카드를 바로 발급 받을 수 있다. 또한 즉시발급 지점을 통해 발급 받을 경우에는 본인이 아니어도 멤버십 카드 발급 희망자의 신분증 지참만으로도 멤버십 카드를 발급 받을 수 있어 편리하다.

단, SK 텔레콤 멤버십 카드를 발급 받을 경우 레인보우 포인트 2000점이 가입 다음 해에 자동으로 차감된다. SK 텔레콤의 멤버십 카드는 VIP등급만 VIP 표시가 있는 멤버십 카드로 발급되고, 나머지 등급(골드,

실버, 일반)은 등급 표시 없는 일반 멤버십 카드로 발급된다.

KTF의 멤버십 카드는 크게 플라스틱 카드와 휴대폰에 카드정보를 저장하여 사용하는 모바일 카드로 나뉜다. 플라스틱 카드는 전국의 지점이나 대리점을 통해 신청할 수 있고, KTF 멤버스 프라자를 방문해 신청하면 즉시발급이 가능하다. 고객센터를 이용하려면 1588-0010 또는 휴대전화에서 114로 신청할 수 있고, 인터넷은 www.KTF Members.com에 접속해 발급신청을 하면 된다. 플라스틱 카드는 신청을 한 후 약 2~3주일 이내에 신청주소지로 배송된다.

모바일 카드는 휴대폰에서 magicⓝ에 접속한 후, 즉시 다운로드(**82＋매직엔 버튼 또는 통화 버튼 누름) 받아 저장한 후 계속해서 사용할 수 있다. KTF 멤버십 카드 발급자 역시 여느 이동통신사의 멤버십과 동일하게 다음 해 초에 일괄적으로 보너스 마일리지 2000점이 차감된다.

LG 텔레콤 멤버십 카드 발급 역시 인터넷과 고객센터, 방문신청의 세 가지 방법이 있다.

방문신청의 경우 LG 텔레콤 전국 지점 및 대리점을 직접 방문해 카드발급을 신청하면 되고, 인터넷을 통한 신청은 LG 텔레콤 사이버고객센터(www.mylgt.co.kr)에서 발급 신청을 하면 된다. 고객센터를 이용하려면 휴대폰에서 국번 없이 114 또는 1544-0010로 전화해 발급신청을 할 수 있다. LG 텔레콤은 기존의 카이 카드와 패밀리 카드를 통합해 단일화된 멤버십 카드를 발급하고 있는데 이전에 발급된 카이 카드와 패밀리 카드 소지자는 별도의 LG 텔레콤 멤버십 카드를 새롭게 발급 받지 않고 기존 카드로 LG 텔레콤 멤버십의 모든 혜택을 이용할 수 있다. LG 텔레콤 멤버십 카드 발급자도 매년 초 연회비 개념의 이지포인트 2000점 차감이 이루어진다.

각 이동통신사의 멤버십 카드 신청방법

SK 텔레콤	- 전국 지점 및 대리점 방문 - TTL(www.ttl.co.kr), ting(www.011010ting.com), SKT 멤버십 사이트(www.sktmembership.com) 이용 - 휴대전화에서 114(무료) 또는 유선전화 1566-0011(유료) 이용
KTF	- 전국 지점 및 대리점 방문 - 인터넷 www.KTFMembers.com 이용 - 휴대전화에서 114(무료) 또는 유선전화 1588-0010(유료) 이용
LG 텔레콤	- 전국 지점 및 대리점 방문 - 인터넷 www.mylgt.co.kr 이용 - 휴대전화에서 114(무료) 또는 유선전화 1544-0010(유료) 이용

+이동통신사의 멤버십 제도 변경+

이동통신 멤버십 카드는 이동통신사가 가입자들에게 제공하는 할인 카드로서 음식, 문화, 레포츠, 생활 등 다양한 카테고리별로 가맹점에 따라 이용금액의 일정 비율을 할인받을 수 있다. 멤버십 카드의 효시는 SK 텔레콤의 TTL로 10대와 20대 초반 세대의 전용 요금제인 TTL을 출시하면서 요금제 마케팅의 일환으로 다양한 할인 혜택을 제공하는 TTL 카드를 선보였다. 이후 KTF의 드라마, 나, 비기와 LG 텔레콤의 카이, 카이홀맨 그리고 SK 텔레콤의 ting, UTO 등 다양한 브랜드가 쏟아져 나오면서 멤버십 카드의 종류가 다양해졌다. 이 같은 멤버십 카드의 주요 골격은 사용하고 있는 요금제에 따라 카드를 부여하는 방식이었다. 그러나 이처럼 사용하는 요금제에 따라 멤버십을 구분하는 제도가 가입자를 차별한다는 이유로 정보통신부의 시정 명령을 받게 되면서 국내 이동통신 3사는 2003년 6월부터 새롭게 멤버십 제도 약관을 개정하여 적용하고 있다.

달라진 멤버십 제도의 핵심은 요금제와 상관 없이 멤버십 카드를 이용할 수 있다는 것이다. SK 텔레콤은 기존의 카드체계(TTL, ting, UTO, CARA, 리더스클럽)를 그대로 유지하면서 요금제와 상관 없이 카드를 선택할 수 있도록 변경했고, KTF와 LG 텔레콤은 요금제별로 나누던 카드를 단일 카드로 통합했다. 즉 SK 텔레콤 가입자의 경우 약관 변경 전이라면 자신이 UTO 요금제를 사용한다면 UTO 카드만 발급 받을 수 있었지만, 약관이 변경된 후에는 자신이 이용하는 요금제가 UTO 요금제라 하더라도 TTL 카드나 리더스 카드를 발급 받을 수 있다. 단, CARA 카드의 경우 여성 가입자에게만 발급이 된다. KTF나 LG 텔레콤의 경우도 비기 요금제, 카이 요금제 등 다양하게 운영하고 있는 요금제와 상관 없이 자사 가입자에게는 KTF 카드와 LG 패밀리 카드를 발급해 주고 있다. KTF와 LG 텔레콤은 요금제에 따라 다양하게 발급하던 카드를 통합하여 KTF 카드와 LG 패밀리 카드로 단일화시켜 자사 이동통신 가입자에게 동일하게 모든 가맹점을 개방했다.

또 멤버십 제도 변경 전에는 제한 없이 할인이 가능했지만 변경 후부터 적용되는 멤버십 제도에는 이용한도가 적용되기 시작했다. 달라진 멤버십 제도는 매출에 기여한 정도만큼 이용자에게 혜택을 돌려준다는 원칙으로 고객 등급에 따라 이용한도를 부여한다. 연간 이동통신 이용 요금을 기준으로 고객을 4~5개 등급으로 나누고 할인 한도에 차등을 두는 방식이다. 대개 일반등급 3만 원에서 VIP등급 10만 원까지 연간 할인 한도를 적용하고 있다. 자신에게 부여된 연간 할인 한도를 모두 사용했을 경우 새롭게 한도가 발생하는 다음 해 1월까지 더 이상 할인을 받을 수 없게 된다. 다만 할인 한도 차감을 하지 않는 가맹점의 경우는 잔여 한도가 남아 있지 않더라도 사용이 가능하다. 국내 이동통신 3사가 적용하고 있는 멤버십 등급별 연간 할인 한도는 다음의 표 '멤버십 등급별 연간 할인 한도' 와 같다.

이동통신사	등급구분	전년도 통화요금	연간 할인 한도
SK 텔레콤	VIP	90만 원 이상	10만 원
	골드	90만 원 미만	7만 원
	실버	60만 원 미만	5만 원
	일반	30만 원 미만	3만 원
KTF	VIP	1. 월 평균 사용금액 7만 5,000원 이상 2. 5년 이상 사용고객 중 전년도 월 평균 사용금액 6만 원 이상 * 이 중 한 가지 조건에 해당되는 고객	10만 원
	다이아몬드	(5년 이상 사용고객 중) 월 평균 사용금액 4만 원 이상 고객	8만 원
	골드	(5년 미만 사용고객 중) 월 평균 사용금액 4만 원 이상 고객	6만 원
	실버	월 평균 사용금액 2만 5,000원 이상 고객	5만 원
	일반	월 평균 사용금액 2만 5,000원 미만 고객	3만 원
LG 텔레콤	VIP	90만 원 이상	10만 원
	골드	90만 원 미만	7만 원
	실버	60만 원 미만	5만 원
	일반	30만 원 미만	3만 원

이동통신 사용자 간의 형평성은 멤버십 가입자와 비가입자 간에도 문제가 된다. 전체 이동통신 매출액의 일부가 멤버십 제도에 투자되기 때문에 카드를 사용하지 않는 사람은 무조건 손해를 보는 셈이다. 따라서 달라진 멤버십 제도는 멤버십 비가입자에게 마일리지를 더해주는 내용

을 포함하고 있다. 이동통신 3사는 멤버십 카드 사용자에게는 연회비 명목으로 연간 2000포인트를 차감하고 있으며, 멤버십 카드를 발급 받지 않은 비가입자에게는 SK 텔레콤은 1000포인트, KTF와 LG 텔레콤은 200포인트씩을 부여하고 있다. 이동통신사들은 비가입자에게 주는 포인트보다 가입자에게서 받는 포인트가 많은 것에 대해 비가입자보다 가입자가 많기 때문이라고 설명하고 있다. 개개인의 입장에서는 멤버십 카드를 이용하지 않는 데 따른 포인트 혜택이 적기 때문에 마일리지를 깎더라도 카드를 효율적으로 이용하는 편이 유리하다.

달라진 멤버십 제도의 핵심 내용

1. 요금제와 상관 없이 멤버십 혜택을 선택할 수 있다.
2. 멤버십 가입자에게는 연회비 명목으로 마일리지 2000포인트를 차감하고, 비가입자에게는 200~1000포인트를 부여한다.
3. 연간 멤버십 이용금액에 한도를 둔다. 연간 한도는 이동통신 이용료에 따른 고객 등급별로 차등 부여한다.
4. 드라마하우스, 나지트, TTL존, 공항라운지 등 무료로 제공하던 멤버십 전용 구역의 시설물 이용을 유료화한다.
5. 골프, 성형 등 고소득자 편향의 제휴 품목을 폐지한다.

이동통신사의 마일리지 따라잡기 

 SK 텔레콤

SK 텔레콤의 마일리지 서비스는 크게 사용한 전화요금 1,000원당 5점씩 적립되는 레인보우 포인트와 고객 등급에 따라 연단위로 부여되는 할인 한도 내에서 SK 텔레콤 멤버십 카드로 제휴 업체 할인이 제공되는 멤버십 마일리지로 나뉜다. 또 OK 캐시백과 연계하여 이동전화 사용요금의 0.5%를 OK 캐시백 포인트로 적립해 주고 있다. 따라서 SK 텔레콤을 통한 이동전화 사용에 비례하여 레인보우 포인트와 OK 캐시백 포인트는 꾸준히 누적되고, 멤버십 포인트는 제휴점에서 할인을 받는 만큼 연간 한도금액이 차감되는 개념이다.

★★ 레인보우 포인트

레인보우 포인트란 SK 텔레콤 가입자가 납부한 통화요금(국제통화료, 단말기할부금, 가입비 및 부가세 등 일부 항목 제외)의 일정 비율을 포인트로 적립해 주는 마일리지 서비스로 매월 말 고객이 납부한 요금에 대해 1,000원당 5점씩 적립해 주는 기본 포인트와 장기가입자에게 연차별로 100점씩 가산해 주는 장기가입 포인트 그리고 SK 텔레콤이 진행하는 각종 이벤트에 참여함으로써 제공되는 특별 포인트로 구성된다. 특별 포인트는 서비스 1회선당 연간 최대 5000점까지 적립할 수 있다.

이렇게 적립한 레인보우 포인트로는 휴대폰 AS 결제, 무료통화, 발신자 번호표시나 컬러링과 같은 부가서비스, NATE 컨텐츠 이용, 싸이월드 도토리 충전, 멤버십 사용한도 충전, 포인트 쇼핑 등의 다양한 서비스를 이용할 수 있다.

멤버십 한도를 모두 사용한 가입자의 경우 레인보우 포인트로 멤버십 포인트를 충전할 수 있는데, 레인보우 포인트 1점은 멤버십 포인트 2점으로 환산, 즉 레인보우 포인트를 멤버십 포인트로 전환할 때는 포인트가 2배가 되는 효과를 볼 수 있다. 만약 이렇게 충전한 멤버십 카드 한도도 모두 사용하였다면 더 이상 포인트를 충전할 수 없다. 그러나 충전한 포인트가 아직 남아 있을 경우는 재충전이 가능한데, 레인보우 포인트가 남아 있는 만큼 최대 5000점 한도 내에서 재충전을 할 수 있다. 단, 1회 충전할 수 있는 최소 한도는 500점이고, 최대 한도는 5000점이며 1일 충전 횟수에는 제한이 없다. 또 레인보우 포인트를 멤버십 카드 포인트로 전환하려면 이동전화 가입자와 멤버십 카드 이용자 이름이 동일한 경우에만 전환이 가능하다. 이동전화 가입자의 동의를 얻어 멤버십 카드를 발급 받았다 해도 레인보우 포인트의 전환에 대해서는 동의를 받지 못한 것으로 간주되기 때문이다.

레인보우 포인트는 매월 청구서를 통해 확인할 수 있으며, www.e-station.com이나 무선인터넷 NATE의 레인보우몰에서도 조회를 할 수 있다.

레인보우 포인트는 동일 명의로 여러 회선을 사용할 경우 회선별 포인트 합산이 가능한데, www.e-station.com의 JOY스테이션 내 '레인보우 포인트'로 접속해 '포인트 조회/조정' 내 나의 다른 회선 포인트 '조회' 포인트 조정으로 접속하면 포인트 합산 및 조정을 이용할 수 있다. 이때 최소 2000포인트의 잔여 포인트를 남겨둘 수 있어야 포인트 합산이 가능하다. 즉 양도회선에 6000점의 레인보우 포인트가 있을 경우, 2000점의 포인트를 남겨두고 최대 4000점까지만 합산이 가능하다는 것이다. 다만 가입기간 30일 이하의 신규회선은 포인트를 양수 받을 수 없다. 레인보우 포인트는 번호이동이나 서비스 해지, 명의변경시 잔여 포인트가 자동소멸되고, 포인트의 유효기간은 5년이다. 적립 후 5년이 경과된 포인트는 순차적으로 소멸된다.

멤버십 가입이력이 있는 고객은 다음 해 1월 연회비 개념으로 2000포인트의 레인보우 포인트가 차감되며, 멤버십 카드 재발급 및 해지 고객에 대해서도 레인보우 포인트 2000점이 가입 다음 해에 자동으로 차감된다. 반대로 멤버십 가입 이력이 없는 고객은 레인보우 포인트 1000점이 다음 해 1월에 추가 부여된다.

★★ SK 텔레콤 멤버십

SK 텔레콤 이동전화 사용자에게 발급되는 멤버십 카드를 통해 고객 등급에 따라 연단위로 부여되는 할인 한도만큼 제휴 가맹점에서 할인받을 수 있는 마일리지를 말한다. 제휴 가맹점 이용, TTL Zone, 공항 라운지 이용, 이벤트 참여 등에 사용할 수 있다. 등급에 따른 멤버십 포인트는 고객이 실제로 제휴 서비스 이용을 통해 할인받는 금액을 말하며, 멤버십 종류를 변경 또는 재발급 받더라도 멤버십 포인트가 새로이 부여되지는 않는다. TTL Zone과 인천국제공항 리더스클럽 라운지를 이용할 경우에는 500포인트가 차감된다. 고객이 동의한 경우 멤버십 포인트 차감시에 휴대폰 문자서비스로 차감 포인트 내역이 통보된다.

SK 텔레콤은 전 멤버십(리더스클럽, UTO, CARA, TTL, ting)이 동일하게 4등급(Vip, 골드, 실버, 일반)으로 분류된다. 이때 VIP등급에 대해서만 VIP 표시가 있는 카드가 발급되고 골드, 실버, 일반 등급은 별도 등급 표시 없이 카드가 발급된다.

SK 텔레콤 멤버십 등급은 최근 1년간 이동전화서비스 이용금액(국제 통화료, 단말기할부금, 가입비 및 부가세 등 일부 항목 제외)을 기준으로 나뉘어지는데, 2005년 멤버십 등급 산정 기준 기간은 2003년 11월부터 2004년 10월까지이며, 여기에 7년 이상 장기가입 고객에 대해서는 1등급 상향 조정되며, 최근 6개월 이내에 연체 3회 이상 고객에 대해서는 1등급 하향 조정된 등급이 부여된다.

또 SK 텔레콤은 이동전화 사용요금에 따른 OK 캐시백 포인트를 멤버십 전 회원에게 적립해 주고 있는데, 멤버십 회원의 포인트 적립률은 이동전화 사용요금의 0.5%이다.

KTF나 LG 텔레콤은 멤버십 카드를 통합해 단일화시킨데 반해 SK 텔레콤은 여러 종류(리더스클럽, UTO, CARA, TTL, ting)의 기존 카드 시스템을 그대로 고수하고 있다. 때문에 할인이 적용되는 제휴 업체는 카드 종류에 상관 없이 대체적으로 동일하게 개방되고 있으나 각 멤버십에 따라 조금씩 차별화된 서비스들이 눈에 띈다. 예를 들어 10대들이 주요 타깃인 ting의 경우 다른 멤버십 서비스에서 적용되지 않는 롯데리아 20% 할인이 가능하고, 여성 전용카드인 CARA의 경우도 여성편향적 차별화 서비스들이 제공된다.

SK 텔레콤 멤버십 마일리지의 유효기간은 1년이다. 매년 1월 1일 부여되고 12월 31일 일괄 소멸되며, 다음 해 등급이 새롭게 결정되어 1월 1일부로 등급별 멤버십 포인트가 새롭게 부여된다.

기본적으로 무료로 카드가 발급되지만 재발급을 받아야 할 경우 2회까지는 무상으로 재발급 받을 수 있지만 3회째부터는 발급비용으로 1,000원이 다음 달 SK 텔레콤 요금청구서에 합산되어 청구된다.

SK 텔레콤의 멤버십 등급 산정 기준

등급구분	전년도 통화요금	연간 할인 한도
VIP	90만 원 이상	10만 원
골드	90만 원 미만	7만 원
실버	60만 원 미만	5만 원
일반	30만 원 미만	3만 원

★★ SK 텔레콤 멤버십의 혜택

SK 텔레콤 멤버십 카드 소지자는 누구나 다음의 제휴점에서 제공하는 할인 혜택을 자신에게 부여된 한도 범위 이내에서 이용할 수 있다.

각 제휴점별 자세한 할인 내용은 www.sktmembership.com에서 확인할 수 있다.

영화관	• CGV, 롯데시네마 등 전국 120여 개 영화관 • 현장할인 및 현장예매 1일 1회 2,000원 할인 • 인터넷예매 1일 1회 2,000원 할인 • cizle.nate.com 본인 예매수수료 무료 • 전국 20여 개 유명 자동차 극장 이용할인 50%(자동차 1대 기준) • 메가박스, 메가라인, 프리머스 극장은 Cizle을 통한 온라인 멤버십 서비스로 할인 혜택 제공

패밀리 레스토랑	• 베니건스(20% 할인) • T.G.I. 프라이데이스(20% 할인) • 토니로마스(20% 할인, 알코올류 제외) • 프레스코(20% 할인) • 마르쉐(20% 할인) • 제이드가든(20% 할인, 포인트 차감 없음) • 베네치아(20% 할인, 샐러드바 제외/광주) • 칠리스(20% 할인) • 카후나빌(20% 할인) • 스파게띠아(20% 할인) • 디종(15% 할인, 포인트 차감 없음)

<table>
<tr><td>

베이커리
&
푸드

</td><td>

- 파리바게뜨, 크라운베이커리(VIP 40% 할인, 일반 20% 할인)
　파리바게뜨 쇼핑몰(shop.paris.co.kr 10% 할인)
- 롯데리아(20% 할인)
- 페퍼런치(20% 할인)
- 도미노피자(15% 할인)
- 미스터피자(15% 할인)
- 나뚜루(10% 할인, 포인트 차감 없음)
- 레드망고(1,000원 당 100원 할인)
- 카페 파스쿠치(10% 할인)
- 전원카페(10% 할인)
- 스무디 킹(사이즈 업그레이드)

</td><td>SK</td></tr>
</table>

<table>
<tr><td>

여행
&
리조트

</td><td>

- 투어비스 콘도/온천(특별 우대가)
- 투어비스 해외 리조트(20% 할인, 포인트 차감 없음)
- 설악 워터피아(40% 할인)
- 아산 스파비스(입장료 50% 할인)
- 지리산 온천랜드(입장료 50% 할인)

</td><td>SK</td></tr>
</table>

<table>
<tr><td>헤어숍</td><td>

- 가이헤어(30% 할인)
- 박승철 헤어스튜디오(25% 할인)
- 최가을 헤어(30% 할인)
- 제오헤어(30% 할인)
- 리안헤어(30% 할인)
- 오다헤어(30% 할인)
- 이철 헤어커커(25% 할인)
- 김가영 세마 헤어(20% 할인, 제품과 크리닉, 스페셜 메뉴 제외)
- 존앤제인 헤어룩(20% 할인)

*** 모든 제휴 헤어숍에서 포인트 차감 없음**

</td><td>SK</td></tr>
</table>

의류 & 신발	• 아이겐포스트(10% 할인, 백화점 구매시 5% 할인) • 우들스/K-swiss(10% 할인, 백화점 구매시 5% 할인) • ellesse(10% 할인, 백화점 제외, 의류/신발/가방에 한함) • 버그하우스(10% 할인, 백화점 구매시 5%, 의류/신발/가방에 한함)

생활 & 여가	• 패밀리 마트(15% 할인, 일부 품목 제외) • OK 캐시백 포인트 적립(매월 이동전화 납부 요금의 0.5%) • 스피드메이트(VIP : 엔진오일 교환 무료, 일반 : 1만 원에 교환(연 1회)) • 캡스(설치비 + 가입비 무료 + 5만 원 상품권 증정) • 사우나/찜질방(50% 할인) • 지사 가맹점, 캠퍼스 가맹점, STREET 가맹점(10% 할인)

카드별 특화 서비스	• **ting** : 독서실(20% 할인), PC방(1일 1시간 무료), PS2 게임방/보드 게임방(1일 1,000원 할인), 로이드(5% 할인, 아울렛 제외) • **TTL** : TTL Zone 전용공간 이용, PC방(1일 1시간 무료), PS2 게임 방/보드게임방(1일 1,000원 할인), 로이드(5% 할인, 아울렛 제외) • **리더스클럽** : 전국 200여 개 유명 바/호프(20% 할인), CJ Mall(10만 원 이상 구매시 상품권 증정), 워커힐(인천국제공항 10% 할인, 포인트 차감 없음), 인천국제공항(전용 라운지 이용)

VIP 서비스	• PC방(1일 2시간 무료 : ting, TTL) • 파리바게뜨, 크라운베이커리(40% 할인) • 스피드메이트 엔진오일 무료교환(차감 포인트 20,000점) • 인천국제공항 전용 라운지 이용(차감 포인트 500점)

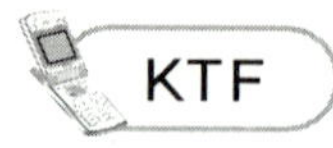

KTF의 마일리지 서비스는 크게 사용한 전화요금 1,000원당 10점씩 적립되는 보너스 마일리지와 고객 등급에 따라 연단위로 부여되는 할인 한도 내에서 KTF 멤버십 카드로 제휴 업체 할인이 제공되는 멤버십 마일리지로 나뉜다.

★★ KTF 보너스 마일리지

KTF의 보너스 마일리지는 가입자가 사용한 통화요금 1,000원당 10점씩 적립되는 포인트로 기본료와 국내통화료, 무선데이터 서비스, 부가서비스, 00345 국제통화료 등의 이용요금에 대해 적용된다. 예를 들어 기본료 14,000원에 국내 통화료 6,000원, 무선데이터 이용료 7,000원, 부가서비스인 발신자번호 서비스 1,000원의 내역을 한 달 동안 사용했다면 총 이용금액 28,000원에 대한 보너스 마일리지 280점이 적립되는 것이다. 이외에 가입일로부터 1년이 경과한 후부터 1년 단위로 연체가 없을 경우 매년 300점의 특별점수가 부여되고, 사이버 이용요금 명세서 신청시 매월 200점의 특별점수가 제공된다. 멤버십 카드를 발급 받지 않은 가입자에게도 매년 1월 1일에 200점이 추가로 제공된다.

이렇게 이동전화 사용요금에 따라 매월 적립된 보너스 마일리지는 각종 부가서비스의 이용, 무선데이터 통합요금상품, 포인트 요금할인(포인트파크), 멤버십 마일리지 전환 등에 사용할 수 있다.

적립한 보너스 마일리지는 5년간 사용할 수 있으며, 5년이 지난 후에는 먼저 적립한 마일리지부터 월 단위로 자동 소멸된다.

보너스 마일리지는 이동전화 사용요금을 납부할 때 다음 달 청구서에 반영되며, 2개월이 미납된 시점까지는 100% 반영되지만, 3개월 이상 미납분에 대해서는 50%의 점수만 부여된다. 즉 앞의 예에서처럼 28,000원의 요금을 2개월까지 연체했다면 280점 보너스 마일리지가 그대로 부여되지만 3개월 연체시부터는 50%에 해당하는 140점의 보너스 마일리지가 제공되는 것이다. 따라서 요금연체로 인한 보너스 점수의 불이익이 없도록 납기일 이내에 이용료를 납부하는 것이 바람직하다.

이 같은 보너스 마일리지는 서비스 해지시 모두 소멸하고, 타인에게 명의변경을 할 때에도 잔여점수가 승계되지 않는다. 보너스 마일리지 점수는 고객(명의자 주민등록번호) 단위에 의해 운영되며, 조회시 동일 고객 명의로 된 모든 휴대폰 번호에 대한 마일리지가 합산되어 표시된다.

★★ KTF 멤버십

KTF 보너스 마일리지와 별도로 KTF 멤버십 카드를 통해 고객 등급에 따라 연단위로 부여되는 할인 한도만큼 제휴 가맹점에서 할인받을 수 있는 마일리지를 말한다. 제휴 가맹점 이용, Nazit, 드라마하우스, KTFMembers 공항 라운지 이용, 이벤트 참여 등에 사용할 수 있는 마일리지로 멤버십 마일리지 차감은 제휴 가맹점에서 실제로 할인받는 금액 기준으로 할인금액 1원당 1점이 차감된다. Nazit, 드라마하우스, KTF

Members 공항 라운지 등을 이용할 경우에는 회당 500점이 차감된다.

또 KTF 멤버십 마일리지는 동일 명의로 여러 대의 휴대폰을 사용하고 있거나 가족 단위로 KTF에 가입하고 있는 고객을 대상으로 패밀리 간 멤버십 마일리지를 통합하여 사용할 수 있는 KTF 멤버십 패밀리 카드 서비스도 제공하고 있다.

연간 멤버십 마일리지는 매년 1월 1일 생성되어, 당해 연도 12월 31일까지 사용할 수 있다. 당해 연도에 모두 사용하지 못한 잔여 마일리지는 다음 해로 승계되는 것이 아니라 12월 31일 모두 소멸되므로 가능하면 알차게 멤버십 마일리지를 활용하여 소멸되는 잔여 마일리지가 없도록 하는 것이 좋다. 반대로 자신에게 부여된 멤버십 마일리지를 모두 사용하여 더이상 멤버십 마일리지가 남아 있지 않을 경우에는 KTF의 보너스 마일리지를 멤버십 마일리지로 전환하여 사용할 수 있다. 보너스 마일리지 1점당 멤버십 마일리지 1점의 비율로 전환이 가능하며, 이때 최소 2000점의 보너스 마일리지는 잔여 마일리지로 남겨두어야 한다.

KTF의 멤버십 등급은 전년도 월 평균 사용금액에 따라 5개 등급으로 나뉘어지는데 2005년을 기준으로 전년도 월 평균 사용금액이란 2003년 12월 청구분부터 2004년 11월 청구분까지의 월 평균 사용금액(월 평균 사용금액은 기본료, 국내통화료, 무선 데이터서비스, 부가서비스, 00345 국제통화료만 포함)을 말한다.

등급구분	전년도 통화요금	연간 할인 한도
VIP	1. 월 평균 사용금액 7만 5,000원 이상 2. 5년 이상 사용고객 중 전년도 월 평균 사용 금액 6만 원 이상 * 이 중 한 가지 조건에 해당되는 고객	10만 원
다이아몬드	(5년 이상 사용고객 중) 월 평균 사용금액 4만 원 이상	8만 원
골드	(5년 미만 사용고객 중) 월 평균 사용금액 4만 원 이상 고객	6만 원
실버	월 평균 사용금액 2만 5,000원 이상 고객	5만 원
일반	월 평균 사용금액 2만 5,000원 미만 고객	3만 원

★★ KTF 멤버십의 혜택

KTF 멤버십 카드 소지자는 누구나 다음의 제휴점에서 제공하는 할인 혜택을 자신에게 부여된 한도 범위 내에서 이용할 수 있다.

각 제휴점별 자세한 할인 내용은 www.ktfmembers.com에서 확인할 수 있다.

놀이공원	• 서울랜드(30% 할인) • 제주 씨월드(우도해저잠수함승선권 20% 할인 및 무료관람권, 포인트 차감 없음) • 매직윙스(부산 홈경기 입장료 1,000원 할인) • 삽교 함상공원(어른 2,000원/소인 1,000원 할인) • 한리버랜드(한강유람선, 10% 할인)

<table>
<tr><td>문화</td><td>

- CGV, 메가박스 등 영화관(2,000원 할인)
- 온라인 영화예매(2,000원 할인)
- 제휴 공연장(20% 할인, 포인트 차감 없음)
- 대형공연 온라인 예매할인(오페라유령/아이다 등, 단 공연마다 적용 할인율이 다름)
- 제휴 박물관/미술관(최고 50% 할인, 포인트 차감 없음)
  - 강화은암 자연사박물관, 별난물건박물관, 지당세계박물관, 아프리카 박물관, 둥지박물관
- 잡지 정기구독 할인(KTF 고객 특별 할인가 적용, 포인트 차감 없음)
- **신규 제휴 영화관**
  서울(단성사 · 피카디리 · 시너스G · 한일시네마 · 프리머스 신림 · 연흥극장), 안성 광신극장, 용인 회성극장, 파주 이채시너스, 일산 그랜드시네마, 부천 매드나인, 대전 시너스, 대전 씨네위, 대구 수성 프리머스, 공주 프리머스, 부여 금성극장, 제천 TTC, 충주 TTC, 청주 키노피아, 울산 프리머스, 통영 프리머스(8월 예정), 광주 무등극장, 원주 테크노시네마, 춘천 프리머스(8월 예정)

</td></tr>
</table>

<table>
<tr><td>패밀리
레스토랑</td><td>

- Hard Rock Cafe(25% 할인, 포인트 차감 없음)
- 카후나빌(20% 할인, 포인트 차감 없음)
- 파스타리오(20% 할인, 포인트 차감 없음)
- 베니건스(20% 할인)
- 스카이락(20% 할인)
- 빅볼(20% 할인)
- KFC(15% 할인)
- VIPS(15% 할인)
- 한쿡(15% 할인)
- 피자나모(15% 할인, 일부 매장 제외)
- 까르네스테이션(10% 할인, 포인트 차감 없음)
- 삐에뜨로(10% 할인, 포인트 차감 없음)
- 베어마운틴(10% 할인, 포인트 차감 없음)
- 이프유(10% 할인, 포인트 차감 없음)
- 피자헛(10% 할인)
- 베리스타7(일부 매장 제외), 삐아체레, 보스, 해적왕, 아로마, 카라, 웨스턴캘리(10% 할인)

</td></tr>
</table>

베이커리 & 푸드	

- 크라운베이커리(20% 할인)
- 할리스 커피(20% 할인)
- 뚜레쥬르(20% 할인, 백화점/할인매장 제외)
- Java Coffee(10% 할인, 포인트 차감 없음)
- 나뚜루(10% 할인, 포인트 차감 없음)
- 명동밀리오레 푸드코트(10% 할인, 포인트 차감 없음)
- Java City Coffee(10% 할인)
- 왕돌잠(10% 할인)

KTF

여행 & 리조트	

- 설악 워터피아(30~40% 할인)
- 한화콘도(준회원가 적용, 주중 5000점, 주말/성수기 1만 점 차감)
- 부산 웨스틴 조선호텔(KTF 고객 특별 할인가 적용, 포인트 차감 없음)
- 부산 골든비치호텔(KTF 고객 특별 할인가 적용, 포인트 차감 없음)
- 제주 스위트호텔(KTF 고객 특별 할인가 적용, 포인트 차감 없음)
- 제주 KAL호텔(분기별 할인가 변동, 포인트 차감 없음)
- 서귀포 KAL호텔(분기별 할인가 변동, 포인트 차감 없음)
- 제주 해비치 리조트(32평/49평 KTF 고객 특별 할인가 적용, 포인트 차감 없음)
- 설악 파크(슈페리어급 KTF 고객 특별 할인가 적용, 포인트 차감 없음)
- 부산 해운대 그랜드호텔 스파, 부산 광안리 헤르메스호텔(특별 할인가)
- 제주 하얏트호텔, 아쿠아뷰, 스파 빌리지 등(10~20% 할인)
- 전국 펜션 : 둥지 아트 빌리지, 제주 푸른밤, 재즈 마을, 나폴리 펜션, 유로클럽(주말/성수기 10~20% 할인, 주중/비수기 40~60% 할인)
- 여행서비스 : 테마버스여행, 제주도 패키지 가족여행 할인

KTF

헤어숍	

- 준오헤어(30% 할인)
- 살롱드무사이(30% 할인)
- 이철 헤어커커(25% 할인, 전국 헤어숍 38개 할인)
- 박준뷰티랩(20% 할인)
- 마샬뷰티살롱(20% 할인, 컷/드라이 제외)

* 모든 제휴 헤어숍에서 포인트 차감 없음

<table>
<tr><td>쇼핑
&
의류</td><td>

- 네오포토(사진 인화 50% 할인, 포인트 차감 없음)
- 매직 존(사진 인화 무료)
- 포유피아(사진 촬영 특별 할인가, 포인트 차감 없음)
- 가족사진 할인서비스 : 서울 모뉴멘트 · 스튜디오 켈리 · 주스튜디오, 부산 사진이야기, 대구 모노아이조아스튜디오, 인천 손만익 스튜디오, 대전 장재영 스튜디오
- 엘칸토(25% 할인/세일시 추가 5% 할인, 포인트 차감 없음)
- 오해피데이(꽃배달 15% 할인, 포인트 차감 없음)
- 베아또(꽃배달 15% 할인, 포인트 차감 없음)
- 동화면세점(15% 할인, 포인트 차감 없음)
- Buy the way(15% 할인)
- 무크(10% 할인, 포인트 차감 없음)
- 로이드(5% 할인, 포인트 차감 없음)
- KT mall(KTF 고객 전용 할인몰 운영, 포인트 차감 없음)
- 인터넷 서점 OK Book(배송비 무료, 포인트 차감 없음)

KTF</td></tr>
</table>

<table>
<tr><td>생활
&
여가</td><td>

- 플레이타임(50% 할인)
- 전국 제휴 찜질방(50% 할인)
- 그린키드(책 대여 월 이용료 50% 할인)
- 드림키드(장난감 대여 월 이용료 50% 할인)
- 하이버디(베이비시터 가입비 40%, 시간당 500원 할인/주 5시간 한정, 포인트 차감 없음)
- 전국 제휴 노래방, 비디오방, 보드방, PC방, 플스방(40% 할인)
- AVIS(35% 할인, 포인트 차감 없음)
- 해피랜드(10% 할인, 포인트 차감 없음)
- 압소바(10% 할인, 포인트 차감 없음)
- 파코라반 베이비(10% 할인, 포인트 차감 없음)
- 프리미에주르(10% 할인, 포인트 차감 없음)
- 좋은만남 선우(회원가입비 할인)

KTF</td></tr>
</table>

<table>
<tr><td>VIP
서비스</td><td>

- 애니카랜드(엔진오일 무료교환, 펑크수리, 휠밸런스, 18가지 차량무상 점검)
- 대한항공 좌석 업그레이드 서비스(일반좌석 → 비즈니스석 좌석)
- 크라운베이커리 케이크 무료교환(2만 원)
- 준오헤어(30% 할인, 포인트 차감 없음)
- 애견서비스 : DOX(일부 매장 제외), 대전 애견, 대전 MY DOG, 대구 삼덕 애견, 부산 도그 뱅크, 광주 애견 가족, 부산 프란다스의 개(10~20% 할인)

KTF</td></tr>
</table>

LG 텔레콤의 마일리지 서비스는 사용한 전화요금 1,000원당 10점씩 적립되는 '이지포인트(ez-point)' 제도와 고객 등급에 따라 연단위로 부여되는 할인 한도 내에서 LG 텔레콤 멤버십 카드로 제휴 업체 할인이 제공되는 멤버십 마일리지로 나뉜다.

★★ 이지포인트

LG 텔레콤은 이지포인트 제도를 시행중이다. 이지포인트는 LG 텔레콤의 PCS 사용 요금(기본료, 국내통화료, 부가사용료 및 무선 데이터 사용료)에 따라 점수를 부여해 사용하면 할수록 점수가 쌓여 다양한 혜택을 받을 수 있는 서비스이다. 포인트 점수는 납부 요금에 따라 1,000원당 10점씩 부여된다. 각 019 번호에 따라 부여되기 때문에 동일인의 주민등록번호로 여러 대의 019폰을 이용하는 경우라 하더라도 이지포인트 점수 합산은 할 수 없다. 매월 적립된 포인트는 요금청구서, 인터넷 홈페이지, 콜센터 등에서 확인할 수 있다.

이지포인트는 개통 후 현재까지 누적된 총포인트와 총포인트에서 이벤트 등에 사용하고 남은 누적 포인트 두 가지로 구분된다. 누적포인트가 1만 점 이상이 되면 누적된 포인트로 사은행사 때 포인트를 차감하면서 사은품을 신청할 수 있다.

누적 이지포인트가 2000점 이상일 경우 고객이 목표 포인트를 달성하기까지 사용 요금을 할인해 주는 '포인트 요금할인 제도'를 활용할 수도 있다. 누적 이지포인트가 2000점 이상에 이르면 고객이 직접 누적 목표 포인트를 신청하고 도달할 때까지 계속 기본료 할인 혜택을 받는 것이다. 목표 이지포인트 3000점은 3%, 목표 이지포인트 5000점은 5%, 이지포인트 1만 점 달성을 약정하면 기본료의 10%를 할인해 준다. 그러나 만일 목표 이지포인트에 도달하기 이전에 해지하게 되면 그 동안 할인 받은 금액을 모두 지불해야 한다. 또한 임대폰 및 보상기기변경 이용시 이지포인트 점수를 기준으로 각종 혜택이 부여된다.

★★ LG 텔레콤 멤버십

LG 텔레콤 멤버십이란 LG 텔레콤 고객에게 발급되는 카드로 LG 텔레콤 제휴 가맹점에서 다양한 할인 혜택을 받을 수 있는 멤버십 카드를 말한다. 2003년 4월부터 기존의 카이/패밀리 카드 종류 및 요금제에 관계없이 멤버십의 혜택이 통합되어 LG 텔레콤 고객은 요금제와 관계없이 통합 멤버십 카드를 발급 받을 수 있다. 멤버십 카드를 소지한 고객은 요금제와 관계없이 전국 110여 개 극장, GS25, 스타벅스커피, 파파이스, 맥도날드, T.G.I. 프라이데이스 등의 제휴사를 이용할 때 특별한 할인 혜택을 받을 수 있다.

멤버십 포인트는 제휴 가맹점에서 실제로 할인받은 금액을 기준으로 할인금액 1원당 1점이 차감되며, 멤버십 카드 발급 후 1회 이상 이용고객은 이지 포인트 2000점이 연회비 개념으로 1회에 일괄 차감된다. 그러나 멤버십 비가입자나 미이용 고객에 대해서는 이지 포인트 200점이 연 1회 추가 부여된다.

LG 텔레콤 멤버십 역시 가입자의 연간 납부 요금에 따라 등급별 할인 한도가 부여되므로 연간 이용한도 내에서만 멤버십 서비스를 이용할 수 있고, 선불요금제나 체납 고객은 멤버십 서비스에서 제외된다.

연간 멤버십 이용한도는 연간 평균 납부 요금(기본료＋국내음성＋데이터통화료＋부가서비스)에 따라 4등급으로 나뉘어 부여된다. 연간 최저 3만 점부터 최고 10만 점까지 부여되며, 멤버십 이용시 할인받는 금액만큼의 멤버십 이용한도가 차감된다. 1년 이상 사용고객 중 연간 납부금액이 12만 원 미만일 경우 한도가 부여되지 않고, 신규 가입고객은 일반 등급이 부여된다. VIP등급은 VIP 미만 등급고객 중 매분기별로 재산정되어 이용한도에 반영되며, 업그레이드된 등급은 연말까지만 지속된다. 등급과 이용한도는 요금청구서와 LG 텔레콤 홈페이지에서 확인을 할 수 있고, 멤버십 제휴 가맹점에서 이용할 경우 문자메시지(SMS)로 이용 내역이 송부되므로 편리하게 확인할 수 있다.

연간 멤버십 이용한도는 매년 1월 1일 생성되어 당해 연도 12월 31일까지만 사용할 수 있으며, 사용 후 잔여 한도는 매년 말 자동 소멸된다.

LG 텔레콤이 내세우는 차별화된 멤버십 서비스 중 하나로 분기별 VIP 등급 업그레이드를 들 수 있다. VIP등급 미만의 고객을 대상으로 분기별 월 평균 7만 5,000원 이상 납부자에 대해 연말까지 VIP등급의 멤버십 업그레이드를 제공하는 것이다. 업그레이드 시행시기는 매년 4월, 7

월, 10월이다. 예를 들어 2005년 1월 1일 부여된 기존 멤버십 등급이 일반등급인 가입자가 1월부터 3월까지 월 평균 통화요금 7만 5,000원 이상을 사용했다면 4월부터 업그레이드 된 VIP등급 멤버십을 제공받을 수 있는 것이다. 이 경우 일반등급의 기존 할인 한도 3만 원이 연말까지 10만 원의 할인 한도로 늘어나고 각종 VIP등급 서비스를 이용할 수 있게 된다. 다른 이동통신사의 경우 지난해 이용요금에 근거한 멤버십을 연말까지 적용하는데 반해 LG 텔레콤 멤버십은 분기별 이용실적을 반영해 상대적으로 다른 이동통신사보다 VIP등급 멤버십 서비스 접근이 유리하다고 볼 수 있다.

LG 텔레콤 멤버십 등급 산정 기준

등급구분	전년도 통화요금	연간 할인 한도
VIP	90만 원 이상	10만 원
골드	90만 원 미만	7만 원
실버	60만 원 미만	5만 원
일반	30만 원 미만	3만 원

★★ LG 텔레콤 멤버십의 혜택

LG 텔레콤의 멤버십 카드 소지자는 누구나 다음의 제휴점에서 제공하는 할인 혜택을 자신에게 부여된 한도 범위 이내에서 이용할 수 있다.

각 제휴점별 자세한 할인 내용은 www.lgtelecom.com에서 확인할
수 있다.

<table>
<tr><td>영화 & 극장</td><td>

• 롯데시네마, CGV, 메가박스 등 전국 110여 개 극장(2,000원 할인)
• 맥스무비(온라인예매 2,000원 할인)
• DVD 극장
  POPSDVD(1,000원 할인, 포인트 차감 없음)
• 자동차 극장
  씨네파크(2,000원 할인)
  카네마(2,000원 쿠폰 할인)
  씨네80(2,000원 할인, 포인트 차감 없음)
  영화사랑(20% 할인, 포인트 차감 없음)
  칼마21(20% 할인, 포인트 차감 없음)

*** 모든 제휴 자동차 극장에서 포인트 차감 없음**

</td></tr>
</table>

<table>
<tr><td>패밀리 레스토랑</td><td>

• 카후나빌(20% 할인, 포인트 차감 없음)
• 우노(20% 할인)
• 제이드가든(20% 할인, 포인트 차감 없음)
• T.G.I. 프라이데이스(20% 할인)
• 그랑삐아또(20% 할인)
• 오션블루(10% 할인, 포인트 차감 없음)
• 씨즐러(10% 할인)
• 디종(10% 할인, 포인트 차감 없음)

</td></tr>
</table>

<table>
<tr><td>편의점</td><td>

• GS25(15% 할인, 역삼점/개농역점 제외)
• 미니스톱(15% 할인, 영남/호남지역 매장 대상)

</td></tr>
</table>

<table>
<tr><td>베이커리
&
푸드</td><td>

- 스타벅스(음료 사이즈 업그레이드, Extras 추가 무료)
- 맥도날드(세트메뉴 20% 할인)
- 미스터피자, 파파이스(20% 할인)
- 뚜레쥬르(20% 할인)
- 까펠로(20% 할인)
- 성신제피자(20% 할인)
- 치퍼스(20% 할인)
- 나뚜루(10% 할인, 포인트 차감 없음)
- 델리(10% 할인, 무료음료 제공)
- 궁전제과(10% 할인)
- 성심당(10% 할인)
- 피자2001(10% 할인)
- 마이크로펍(10% 할인)

</td><td></td></tr>
</table>

<table>
<tr><td>놀이공원
&
여행</td><td>

- 광주패밀리랜드(자유이용권 50% 할인)
- 대전꿈돌이랜드(자유이용권 50% 할인)
- 대구우방타워랜드(빅5/자유이용권 50% 할인)
- 롯데월드아이스링크/수영장(입장료 50% 할인)
- 금호 렌터카(국내 이용시 상시 35% 할인, 포인트 차감 없음)
- 왈츠빌리지(주중 25%/주말 15% 할인, 포인트 차감 없음)
- 세화투어(할인, 포인트 차감 없음)
- LG트윈스야구경기(전석 2,000원 할인)
- 아인스월드(동반 1인 포함 대인 1,500원/소인 1,000원 할인)
- 여행통신(호텔, 콘도, 렌터카 할인)
- 다이스덱(보드게임방 20% 할인, 포인트 차감 없음)

</td></tr>
</table>

<table>
<tr><td>헤어숍</td><td>

- 유혜정살롱(20% 할인, 신규 방문시 네일 1회 서비스, 포인트 차감 없음)
- 쟝피엘헤어커뮤니티(20% 할인)

</td></tr>
</table>

- 인천국제공항 라운지 이용
  스카이 파라다이스/노스트웨스트월드클럽 무료이용
- 사이버월드
  인터넷타운(1시간 무료이용, 부가서비스, 음료 및 복합기 무료이용,
  포인트 차감 없음)
  대교에듀피아닷컴(추가 20% 할인, 포인트 차감 없음)
  잉글리쉬채널(2,000원 할인, 포인트 차감 없음)
- 건강
  락시웰니스(월회비 20% 할인, 포인트 차감 없음)
  전국 제휴 스포츠센터(10~20% 할인, 지역별 상세내용 홈페이지
  참조)
- 생활
  5425플라워(15% 할인, 포인트 차감 없음)
  찜질방(입장료 할인, 지역별 상세내용 홈페이지 참조)

기 타

- 엘칸토(25% 할인, 포인트 차감 없음)
- 닥스클럽(정회원 가입비 10% 할인, 포인트 차감 없음)

멤버십 200% 활용 노하우 Ⓜ

＋낙전을 활용하자＋

2003년 6월부터 변경된 멤버십 약관에 따라 이동통신 3사의 멤버십 할인 한도가 가입자별로 연간 3만~10만 원으로 축소되었다.

이동통신 3사 모두 멤버십 제휴 업체는 수십 곳에 달하지만 자신의 멤버십 한도를 모두 사용하고 나면 더 이상 혜택을 누릴 수 없다. 그러나 '낙전'을 잘 이용하면 자신에게 부여된 한도액 이상의 혜택을 볼 수 있는 방법이 있다. 이동통신 3사 모두 멤버십 잔여 한도가 1원이라도 남아 있을 경우 1회에 한해 최대 20만 원까지 결제를 허용하고 있는데, 이를 잘 활용하면 자신의 제한 한도를 뛰어넘는 큰 혜택을 누릴 수도 있다. 멤버십 한도가 3만 원인 사람이 2만 9,900원을 소진하고 100원만 남았더라도 수만 원까지의 추가 할인이 마지막 1회에 한해 가능할 수도 있다. 20% 할인되는 패밀리 레스토랑에서 20만 원어치의 저녁식사를 즐겼을 경우 잔여 포인트가 100점밖에 남아 있지 않더라도 4만 원의 할인을 받을 수 있다. 이 경우 연간 멤버십 한도 3만 원보다도 많은 금액을 할인받게 되는 것이다.

물론 일부 가맹점은 잔여 포인트가 부족할 경우 사용할 수 없는 곳도 있기 때문에 낙전을 활용하기 위해서는 마지막 이용시 잔여 한도의 제한이 없는 가맹점을 미리 확인하고 이용하는 것이 좋다.

+할인액을 차감하지 않는 제휴사를 이용하라+

대부분의 멤버십 제휴사들이 할인해 준 금액만큼의 포인트를 차감하고 있지만, 일부 제휴사들은 한도차감 없이 할인을 받을 수도 있다. 각 통신사별로 제한 없이 할인해 주는 가맹점을 이용하면 멤버십 한도가 전혀 차감되지 않을 뿐더러, 만약 잔여 한도가 남아 있지 않더라도 할인 혜택을 받을 수 있다.

SK 텔레콤은 나뚜루(10%), 자끄데상주(25%), 가이헤어(30%), 로이드(5%) 등의 제휴 업체에서 포인트 차감 없이 할인을 받을 수 있다.

KTF는 나뚜루(10%), 엘칸토(25%), 무크(10%), 해피랜드(10%), 압소바(10%), 파코라반(10%), AVIS 렌터카(35%), 박준뷰티랩(15%), 이철헤어커커(20%), 오해피데이(15%), 로이드(5%)에서 포인트 차감 없이 할인을 해준다.

LG 텔레콤도 코엑스 아셈 먹거리 광장(10%), 센트럴시티 푸드코트(10%), KMI 건강검진(40%) 등 10여 곳이 포인트 차감 없이 할인을 해준다.

SK 텔레콤	최가을 헤어 · 라인헤어 · 제오헤어 · 도아헤어 · 가이헤어(30% 할인) 박승철 헤어스튜디오(25% 할인) 투어비스 해외 리조트(20% 할인) 존앤제인 헤어룩(20% 할인) 김가영 세마 헤어(20% 할인) CAPS ADT홈시큐리티(설치비, 장비비, 가입비 무료) 워커힐(인천국제공항 내 10% 할인)
KTF	제휴 공연장(20% 할인), 제휴 박물관/미술관(최고 50% 할인), 잡지 정기구독 할인(KTF 고객 특별 할인가 적용), 카후나빌(20% 할인), 까르네스테이션(10% 할인), 파스타리오(20% 할인), 삐에뜨로(10% 할인), 베어마운틴(10% 할인), 이프유(10% 할인), Hard Rock Cafe(25% 할인), 제주 씨월드(우도해저잠수함승선권 20% 할인 및 무료관람권), Java Coffee(10% 할인), 나뚜루(10% 할인), 명동밀리오레 푸드코트(10% 할인), 부산 웨스틴 조선호텔(KTF 고객 특별 할인가 적용), 골든비치호텔(KTF 고객 특별 할인가 적용), 제주 스위트호텔(KTF 고객 특별 할인가 적용), 제주 KAL호텔(분기별 할인가 변동), 서귀포 KAL호텔(분기별 할인가 변동), 해비치 리조트(32평/49평 KTF 고객 특별 할인가 적용), 설악 파크(슈페리어급 KTF 고객 특별 할인가 적용), KT mall(KTF 고객 전용 할인몰 운영), 엘칸토(25% 할인/세일시 추가 5% 할인), 무크(10% 할인), 인터넷 서점 OK Book(배송비 무료),

KTF	로이드(5% 할인), 오해피데이(꽃배달 15% 할인), 네오포토(사진 인화 50% 할인), 포유피아(사진 촬영 특별 할인가), 베아또(꽃배달 15% 할인), 동화면세점(15% 할인), 준오헤어(30% 할인), 박준뷰티랩(20% 할인), 이철 헤어커커(20% 할인), 마샬뷰티살롱(20% 할인, 컷/드라이 제외), 살롱드무사이(30% 할인), 해피랜드(10% 할인), 압소바(10% 할인), 파코라반 베이비(10% 할인), 프리미에주르(10% 할인), 하이버디(베이비시터 가입비 40%, 시간당 500원 할인/주 5시간 한정), AVIS(35% 할인)
LG 텔레콤	카후나빌(20% 할인), 제이드가든(20% 할인), 오션블루(10% 할인), 디종(10% 할인), 나뚜루(10% 할인), 왈츠빌리지(주중 25%/주말 15% 할인), POPSDVD(1,000원 할인), 세화투어(할인), 다이스덱(보드게임방 20% 할인), 금호 렌터카(국내 이용시 상시 35% 할인), 유혜정살롱(20% 할인, 신규 방문시 네일 1회 서비스), 인터넷타운(1시간 무료이용, 부가서비스, 음료 및 복합기 무료이용), 대교에듀피아닷컴(추가 20% 할인), 잉글리시채널(2,000원 할인), 락시웰니스(월회비 20% 할인), 5425플라워(15% 할인), 엘칸토(25% 할인), 닥스클럽(정회원 가입비 10% 할인)

최근 실시되고 있는 번호 이동성 제도에 따라 각 이동통신사 가입자들의 이합집산이 매우 활발하다. 사실상 통화품질 측면에서 이동통신사들의 수준이 어느 정도 평준화 궤도에 올라선 지금, 이동통신사들은 자사 가입자들이 누릴 수 있는 차별화된 멤버십 서비스를 통해 기존 가입자의 이탈을 막고 새로운 가입자의 유치에 박차를 가하고 있다. 때문에 각 통신사 멤버십 서비스는 일면 비슷해 보이지만 통신사별로 특화된 서비스가 끊임없이 개발되고 있어 각 통신사 멤버십의 장점과 단점을 꼼꼼히 살펴볼 필요가 있다. 특히 새로 가입하거나 번호 이동을 고려중이라면 이동통신사별 멤버십의 장단점을 따져 자신에게 유리한 서비스가 많은 통신사에 가입하는 것도 알뜰 생활의 한 방법이 될 수 있다.

SK 텔레콤 멤버십 카드는 가맹점이 엄청나게 많다는 강점을 가지고 있다. 가맹점 수가 무려 1만 1000여 곳에 달한다. 대개의 가맹점에서 할인 금액만큼의 한도를 차감하고 있지만 미용실, 의류, 아이스크림 업체 나뚜르 등은 포인트 차감 없이 할인을 받을 수 있다. 또한 멤버십 카드를 단일화한 다른 이동통신사들과 달리 SK 텔레콤은 TTL, ting, UTO, CARA, 리더스클럽의 다양한 멤버십 카드 시스템을 그대로 유지하고 있고 각 멤버십마다 멤버십 특성을 고려한 특화된 할인 혜택을 제공하고 있다.

KTF 멤버십 카드의 최대 장점은 포인트 차감 없는 가맹점이 비교적 많다는 것이다. 렌터카, 의류, 구두 및 식품 등 다양한 곳에서 포인트 차감 없이 활용을 할 수 있다. 또 가족 내에 KTF 고객이 여러 명인 경우 이들의 할인 한도를 통합해 함께 사용할 수 있는 '패밀리 카드 서비스'도 제공하고 있다.

LG 텔레콤은 멤버십 카드 이용률이 높은 극장 가맹점과 지방 가맹점이 많다는 장점을 가지고 있다. 편의점을 자주 이용한다면 GS25나 미니스톱에서 15% 할인 혜택이 있는 LG 텔레콤이나 패밀리마트에서 20% 할인이 가능한 SK 텔레콤의 멤버십 가운데 하나를 선택할 수 있다.

가족 중 휴대전화를 쓰는 사람이 세 명 이상일 경우에는 가족간 마일리지 통합이 가능한 KTF나 LG 텔레콤을 사용하면 유리하다.

인터넷 콘텐츠에 쓰는 돈이 많다면 네이트닷컴의 영화관, 노래방, 만화 등 7개 패키지를 무료로 제공하는 SK 텔레콤을 고려해볼 만하다.

각 이동통신사의 멤버십 비교

SK 텔레콤	KTF	LG 텔레콤
● 전국 최다 가맹점 보유 (1만 1000여 곳) ● 멤버십 브랜드별로 특화된 서비스 제공 ● VIP 특별 서비스 제공	● 한도 차감이 없는 가맹점 다수 ● 가족간 멤버십 포인트 합산 가능 ● VIP 특별 서비스 제공	● 영화관 및 지방 가맹점 수가 많음 ● 3개월마다 VIP등급 업그레이드 실시 ● 가족간 멤버십 포인트 합산 가능

멤버십 카드의 한도 유효기간은 매년 12월 31일이다. 따라서 12월 31일까지 사용하지 못한 잔여 마일리지는 12월 31일 자정을 기해 모두 소멸되고 다음 해 1월 1일부터 새롭게 한도가 부여된다. 따라서 잔여 마일리지를 남기지 않고 가능하면 충분히 활용하는 것이 좋다. 반대로 12월 31일이 되기 전에 주어진 한도액을 모두 사용했을 경우 더 이상 차감 포인트가 남아 있지 않기 때문에 제휴점의 할인 혜택을 받을 수 없다. 다만 포인트를 차감하지 않는 일부 제휴 업체에서는 할인이 가능하다. 이처럼 한도 포인트를 모두 사용했을 때 일정 범위 내에서 멤버십 한도 충전을 할 수 있다. 각 이동통신사가 멤버십 마일리지와 함께 운영하고 있는 콜보너스 마일리지를 멤버십 마일리지로 전환할 수 있는데, SK 텔레콤의 레인보우 포인트와 KTF의 보너스 마일리지가 각각 멤버십 마일리지로 전환하여 사용할 수 있다. SK 텔레콤은 휴대전화 사용액 1,000원당 5점씩 적립해 주는 레인보우 포인트를 멤버십 마일리지로 전환해 주고 있는데 레인보우 포인트 1점당 멤버십 포인트 2점의 교환비율로 전환해 준다. KTF도 이동전화 사용액 1,000원당 10점씩 적립해 주는 보너스 마일리지를 멤버십 마일리지로 전환해 주고 있다. 전환비율은 보너스 마일리지 1점당 멤버십 마일리지 1점으로 1 : 1 비율의 전환이 가능하다.

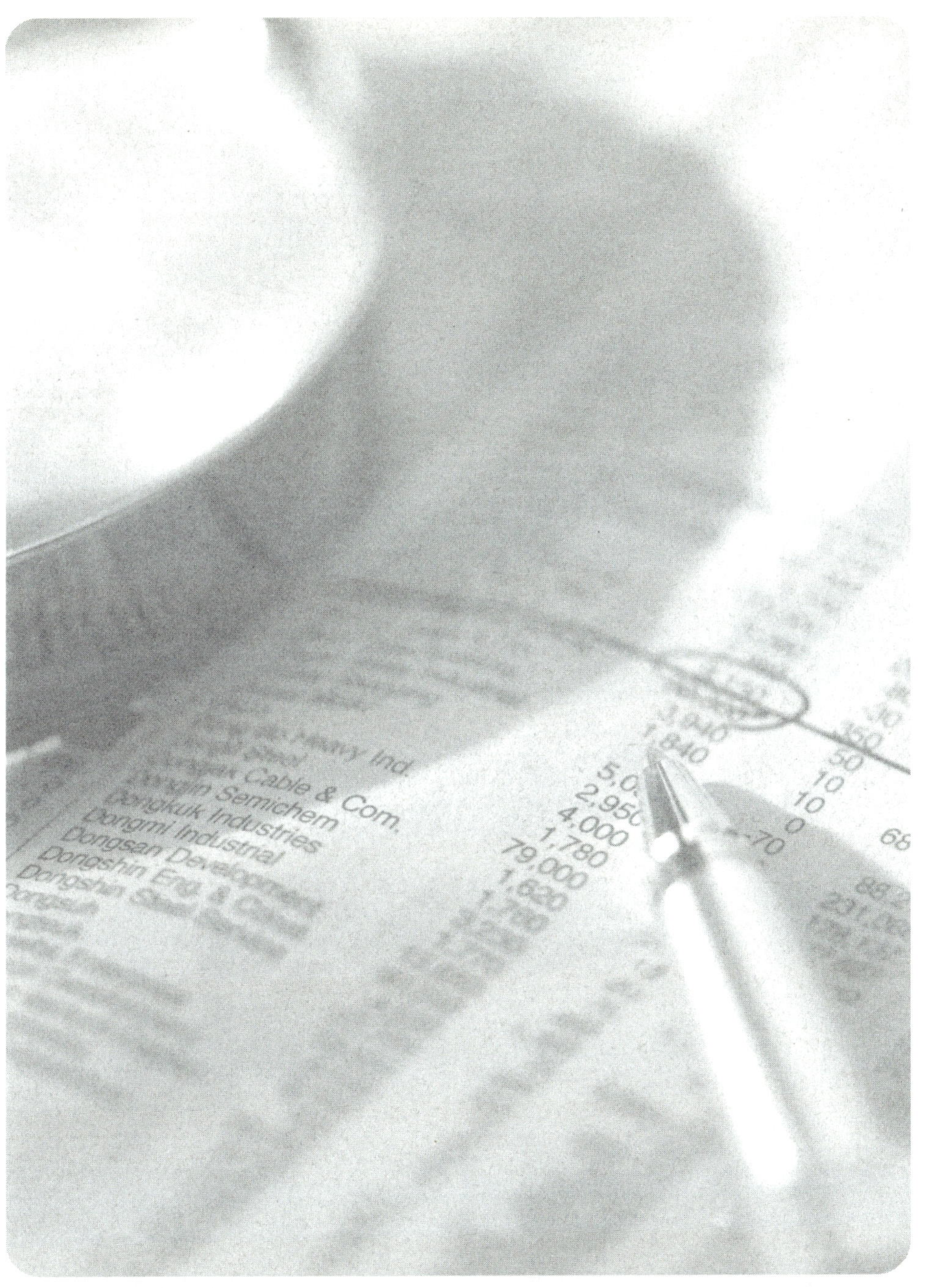
Heavy Ind.
Cable & Com.
Semichem
Dongkuk Industries
Dongmi Industrial
Dongsan Develop
Dongshin Eng. & C
5,0.
2,950
4,000
1,780
79,000
1,620

M I L E A G E   S E R V I C E

신용카드 포인트

현재 국내의 신용카드사는 비씨카드, LG카드, 삼성카드, 현대카드, 롯데카드, 신한카드, 산은캐피탈의 7개 사가 있다. 이들 가운데 산은캐피탈은 기업대상의 카드 사업을 위주로 운영하기 때문에 실질적으로 개인 회원을 대상으로 운영하는 신용카드사는 비씨카드, LG카드, 삼성카드, 현대카드, 롯데카드, 신한카드의 6개 사로 볼 수 있다. 이들 카드사들은 각자 자사의 카드 사용 확대와 고객의 데이터베이스 구축을 통한 고객관계 관리 강화의 차원에서 각종 포인트 프로그램을 실시하고 있다. 각 카드사가 운영하고 있는 포인트 프로그램을 살펴보면 LG카드의 경우 마이엘지 포인트, 삼성카드의 삼성 보너스 클럽, 비씨카드의 비씨 TOP 포인트, 현대카드의 M포인트 등이 있다. 이들 신용카드사들의 포인트 서비스는 각 제휴사별 포인트 적립과 할인 혜택 등을 부여하고 있으며, 이렇게 적립된 포인트를 제휴 가맹점에서 현금처럼 사용할 수 있도록 한다는 기본 메커니즘은 동일하게 적용된다. 각 카드사별 포인트 프로그램과 제휴사 현황, 아울러 사용방법에 대해 알아보자.

비씨카드 Ⓜ

＋비씨카드 'TOP 포인트' ＋

비씨카드가 운영하는 대표적인 포인트 제도는 '비씨 TOP 포인트'이다. 비씨 TOP 포인트는 비씨 TOP 카드 사용시 결제금액에 따라 0.1~0.3%를 기본으로 적립하고, 전국 6만여 TOP 가맹점에서는 결제금액의 최고 10%를 추가 적립하는 대표적인 카드사 포인트 제도이다. 적립된 TOP 포인트는 TOP 가맹점에서 현금처럼 사용할 수 있으며, 현금으로 돌려주거나 각종 사은품 신청, 대한항공 마일리지로 교환, 비씨카드 각종 부가서비스 신청 등으로 다양하게 활용할 수 있다. 약 1700만 명에 이르는 비씨 TOP 카드 회원에게 신용판매 사용금액의 0.1~0.3%를 기본 포인트로 적립해 주고 전국 6만여 TOP 가맹점에서 사용할 경우 기본 포인트와 함께 최고 10%까지 특별 포인트를 적립해 준다. 여기서 'TOP 가맹점'이란 비씨카드 가맹점 중 비씨카드를 이용하는 회원들에게 TOP 포인트를 추가로 제공하는 비씨카드 가맹점으로 추가 포인트 적립률은 가맹점별로 다르다. 가맹점 전면에 비씨 TOP 로고가 새겨진 스티커가 부착되어 있으며, 전국에 6만여 개가 있다.

비씨카드의 TOP 포인트 제도는 카드를 많이 사용한 고객들에게 그만큼의 혜택을 더 부여하고 더 많은 카드 사용을 유도하기 위해 카드 이용 금액이 많을수록 TOP 포인트의 적립률도 높아지는 포인트 누진제를 적용하고 있다. 비씨카드 이용금액에 따른 기본 TOP 포인트 적립률은 월간 카드 이용금액이 30만 원 미만일 경우 0.1%, 100만 원 미만일 경우 0.2%, 100만 원 이상일 경우 0.3%의 차등 적립률이 적용된다. 단, TOP 포인트 적립은 TOP 포인트 서비스를 제공하는 카드에 한하며, 현금서비스와 해외 사용분은 적립대상에서 제외된다. 해당 결제일에 결제 후 7~10일 안에 일괄적으로 적립된다. 비씨카드의 체크 카드인 플러스 카드는 이용금액과 상관 없이 일괄적으로 0.5%의 TOP 포인트가 적립되며, SK직영 주유소 및 충전소 이용금액은 TOP 포인트가 1%, TOPSK 포인트가 1.5% 적립된다. TOPSK 포인트는 TOP 포인트가 기본 서비스로 제공되는 카드를 SK주유소 또는 충전소에서 사용할 경우 1,000원당 15포인트씩 적립해 주는 포인트를 말한다.

TOP 포인트는 사용한 금액을 정상적으로 결제한 경우에 한해 적립되고 이용금액을 연체할 경우에는 적립되지 않는다. 기본 TOP 포인트 이외에 전국 6만여 TOP 가맹점을 이용할 경우 특별 포인트가 추가로 적립되며, 거래은행과의 실적에 따라 은행의 특별 요청이 있는 경우에도 TOP 포인트가 추가로 적립된다.

두 개 이상의 비씨카드 소지자라면 이들 카드의 TOP 포인트는 통합되어 관리되는데, 이용대금 명세서에 고지되는 TOP 포인트는 비씨카드사 12개 회원은행의 TOP 포인트를 모두 합산한 포인트이다. 그러므로 두

개 이상의 비씨카드를 소지한 회원은 포인트 사용시 합산된 포인트를 사용하게 되는 것이다. TOP 포인트의 유효기간 역시 다른 카드사와 동일한 60개월이며, 60개월이 경과한 이후부터 월별 선입선출 방식에 의해 자동 소멸된다. TOP 포인트 적립내용은 매달 배달되는 이용대금 청구서나 비씨카드 홈페이지(point.bccard.com)에서 확인할 수 있다.

+TOP 포인트 사용방법+

인터넷에서 컨텐츠는 500포인트부터 사용할 수 있으며 SK직영 주유소 및 충전소 이용, TOP 가맹점 이용은 5000포인트부터 사용할 수 있다. 또 비씨 마일로 전환, 대한항공 마일리지로 전환, 캐시백 신청은 3만 포인트 이상, SK상품권 신청은 5만 포인트 이상일 때 사용할 수 있다.

TOP 포인트가 500포인트 이상 적립되면 인터넷을 통해 영화표 예매, 복권구입, 게임 등 다양한 온라인 서비스를 이용할 수 있다. 또 5000포인트 이상 적립되면 6만여 TOP 가맹점에서 물건을 구입할 때 현금처럼 사용할 수 있다. 3만 포인트 이상 적립되면 카드결제 계좌를 통해 현금으로 돌려받거나 대한항공 마일리지로 변경할 수 있고, 5만 포인트 이상 적립될 경우 주유상품권을 신청할 수도 있다.

포인트를 이용하기 위해서는 사용하는 카드를 정상적인 거래 상태가 유지되도록 해야 한다. 만약 연체, 카드해지, 거래정지 등일 경우에는 포인트 사용이 제한된다. 적립된 포인트는 제3자에게 양도하거나 제3자로부터 양수할 수 없으며, 포인트 사용 후 취소는 원칙적으로 할 수 없다. TOP 포인트 서비스 이용을 위한 자세한 내용은 비씨카드 고객센터(1588-4000)나 인터넷 홈페이지(point.bccard.com)에서 확인하면 된다.

TOP 포인트 1~5000점은 영화, 만화, 게임, 운세 등의 온라인 컨텐츠에 사용되고 넷포인트로 전환하면 www.netpoint.co.kr에서 쇼핑도 할 수 있다. 5000포인트 이상일 경우 비씨카드사가 선별한 특별 사은품을 신청할 수 있는데, ARS나 인터넷 홈페이지에서 신청 가능하고, 비씨카드사의 통판/여행상품을 구매하는데 이용할 경우 적립된 포인트만큼 할인 혜택을 받을 수 있다. 3만 포인트 이상이 되면 비씨 마일즈 카드 소지자는 TOP 포인트를 비씨 마일로 전환하여 사용할 수 있는데, 15포인트당 1마일, 100마일 단위로 전환이 가능하다. 3만 포인트 이상 적립된 TOP 포인트는 대한항공 마일리지로도 전환할 수 있다. 18포인트당 1마일, 100마일 단위로 전환할 수 있으며 연간 1만 마일까지 전환할 수 있다. 또 3만 포인트 이상의 회원이 포인트를 현금으로 받기를 원한다면 현금 캐시백도 받을 수 있다. 캐시백을 요청할 경우 신청한 회원의 카드를 기준으로 이용대금 결제일에 해당 포인트만큼 총결제금액에서 차감 청구된다.

TOP 포인트와 TOPSK 포인트와의 합산포인트가 5만 포인트 이상이 될 때는 SK상품권을 신청할 수 있다. SK주유소를 이용할 경우 TOP 포인트는 물론 TOPSK 포인트가 적립되는데, TOP 카드로 이용할 경우에는 이용금액에 대해 TOP 포인트 1,000원당 10포인트가 적립되고, 추가로 TOPSK 포인트가 1,000원당 15포인트 적립된다. 예를 들어 SK주유소에서 TOP 카드로 1만 원의 매출이 발생할 때 TOP 포인트 100점, TOPSK 포인트 150점이 적립되는 것이다. 단, TOP 포인트에서 TOPSK 포인트로의 전환은 가능하지만 TOPSK 포인트에서 TOP 포인트로의 전환은 할 수 없다.

비씨카드 'TOP 포인트' ······················· *TIP*

1. 6만여 TOP 가맹점에서 현금처럼 사용할 수 있다.
2. TOP 포인트 사은품 신청으로 현금보다 높은 가치 활용을 할 수 있다.
3. TOP 포인트로 즐기는 다양한 서비스
   - 영화표 예매, 복권구입, 게임 등 다양한 온라인 서비스 이용
   - 3만 포인트 이상 적립시 현금 캐시백으로 이용
   - 3만 포인트 이상 적립시 비씨 마일이나 대한항공 마일리지로 전환 가능
   - 5만 포인트(TOP 포인트와 TOPSK 포인트와의 합산) 이상 적립시 SK 상품권 신청
4. 어려운 이웃을 돕기 위한 후원단체에 기부

삼성카드 Ⓜ

+삼성카드 '보너스 포인트' +

삼성카드가 운영하고 있는 포인트 프로그램은 삼성카드 보너스 클럽 가맹점에서 삼성카드를 이용한 회원을 대상으로 일정 비율의 포인트를 적립해 주는 '보너스 포인트'와 보너스 클럽 이외의 가맹점에서 카드를 사용하더라도 그 사용액의 일정 비율을 적립해 주는 '빅 포인트'로 나누어진다.

보너스 클럽이란 삼성카드 이용자에게 포인트를 제공하는 우대가맹점을 말하며, 적립된 포인트는 보너스 클럽에서만 사용할 수 있다. 보너스 포인트는 삼성카드 회원이 보너스 클럽에서 카드를 사용할 경우 이용금액의 최고 5%까지 적립되는 포인트를 말한다. 일반카드 사용시 보너스 포인트와 더불어 해당 제휴 카드가 제공하는 서비스가 그대로 제공된다. 예를 들어 대한항공 제휴 카드인 스카이패스 삼성카드로 3만 원을 결제했다면, 1,500원당 1마일씩 적립되는 대한항공 마일리지 20마일과 이용금액의 5%를 적립해 주는 삼성카드 보너스 포인트 1500점이 동시에 적립되는 것이다.

'보너스 포인트' 이외에 삼성카드가 시행하는 또 하나의 포인트 제도가 '빅 포인트' 제도이다. 빅 포인트는 빅 보너스 카드 회원을 위한 포인트 제도로 보너스 클럽 가맹점은 물론 그 외의 가맹점에서 사용한 이용 금액에 대해서도 0.5%의 포인트가 빅 포인트로 적립된다. 보너스 클럽을 이용할 경우 보너스 포인트만 적립되고, 이외의 가맹점을 이용하면 빅 포인트가 적립되는데, 이들 보너스 포인트와 빅 포인트는 상호 합산하여 사용할 수 있다. 다만 보너스 포인트의 유효기간이 5년인데 반해 빅 포인트의 유효기간은 3년이다.

＋보너스 포인트를 사용하는 방법＋

적립한 보너스 포인트와 빅 포인트를 합산해 2만 포인트(2만 원) 이상이 되면 원하는 물품 구입 및 서비스 이용시 현금처럼 사용할 수 있다. 2005년의 경우 2005년 1월 1일～2005년 12월 31일까지 포인트 사용 특별 행사기간으로 보너스 포인트 2만 포인트 미만의 회원도 포인트 적립액에 관계없이 적립된 포인트를 모든 보너스 클럽에서 사용할 수 있도록 하고 있다.

보너스 포인트를 사용하려면 보너스 클럽 가맹점에서 결제시 적립된 포인트를 사용하겠다는 의사를 밝히면 되고, 보너스 포인트는 보너스 클럽에서만 사용할 수 있다.

보너스 포인트를 이용한 구매는 일시불과 할부 구매를 모두 할 수 있다.

일시불 결제의 경우, 3만 포인트의 보너스 포인트를 가지고 있는 고객이 1만 5,000원짜리 상품을 구매했을 경우 적립된 포인트에서 1만 5000포인트를 사용해 구매할 수 있고 이에 대한 청구금액은 0원이다. 또 3만 포인트 보유 고객이 포인트를 이용해 5만 원의 상품을 구매할 경우 자신의 포인트 3만 점을 사용하고, 차액 2만 원에 대해서만 결제하면 되는 것이다.

보너스 포인트로 할부 구매를 하는 경우라면, 10만의 보너스 포인트를 가지고 있는 고객이 8만 원짜리 상품을 3개월 할부로 구매하는 경우, 할부에 상관 없이 일시불로 8만 포인트를 사용해 구매를 할 수 있다. 이때 청구금액은 없다. 자신이 보유한 포인트 이상의 금액을 포인트를 이용해 결제하고자 한다면, 포인트 결제 후 차액에 대해 할부 개월수가 부여된다. 예를 들어 10만 포인트 보유 고객이 20만 원짜리 상품을 2개월 할부로 구매한다면 가지고 있는 10만 포인트를 사용하고, 차액 10만 원에 대해 2개월 할부 처리되어 매월 5만 원씩 청구된다.

보너스 포인트가 일정 금액 이상 적립되었을 경우 삼성카드가 제공하는 보너스 포인트 사은품을 신청할 수 있다. 여기에 대해 삼성카드는 자사가 엄선한 70여 가지 사은품을 시중보다 저렴하게 제공함으로써 고객이 보너스 포인트를 현금보다 높은 가치로 사용할 수 있도록 하고 있다.

그 밖에 적립된 포인트로 에버랜드 자유이용권(신청 보너스 포인트 2만 2000포인트)을 구입할 수 있고, 또 무비 존(MOVIE ZONE)에서 사용할 수 있는 영화표를 예매(신청 보너스 포인트 5500포인트)할 경우 할인하여 구입할 수 있다. 또 보너스 포인트를 항공사 마일리지(싱가포르항공)로 전환할 수도 있으며, 시사저널·객석·보그코리아·포브스코리아 외 다수 잡지의 정기구독도 보너스 포인트를 이용하여 할 수 있다. 보너스 포인트로 연회비 결제를 대신하는 것은 물론 백혈병아동, 결식아동, 빈곤아동, 학대아동, 미숙아 후원단체에 보너스 포인트를 기부하여 어려운 이웃을 돕는 일에 쓰는 방법도 있다. 이 가운데 놀이공원 서비스, 잡지 정기구독 서비스, 연회비 결제는 1일 1회만 신청할 수 있다.

 **보너스 포인트 적립** ·········· *TIP*

보다 알찬 포인트 적립을 원한다면 보너스 클럽을 이용할 때에만 포인트가 적립되는 보너스 카드보다 보너스 클럽 이외의 가맹점에서도 이용금액의 0.5%가 적립되는 빅 포인트 카드를 이용하는 것이 유리하다. 만약 보너스 카드 이용자라면 보너스 클럽 중 적립률이 높은 가맹점을 이용한다면 보다 알찬 포인트 적립의 효과를 볼 수 있을 것이다.

이처럼 카드 이용을 통해 적립한 포인트는 정상적인 카드 거래 상태를 유지하고 있을 때에만 사용할 수 있다. 카드 이용의 계약해지나 정지, 또는 그 밖의 사유로 카드를 이용하지 못하는 경우 적립 포인트가 아무리 많다해도 사용이 허용되지 않는다. 포인트 사용 역시 신용거래로 간주되기 때문이다.

포인트 사용도 일반 승인과 마찬가지로 자신이 가지고 있는 포인트 한도 내에서만 사용이 가능하고 적립 포인트를 초과할 경우 한도초과로 포인트를 사용할 수 없다. 그 밖에 포인트에 관한 관련 내용은 삼성카드 홈페이지(www.samsungcard.co.kr)나 상담센터(1588-8700)를 통해 문의할 수 있다.

LG카드 Ⓜ

+LG카드 '마이엘지 포인트' +

LG카드는 '마이엘지(MyLG) 포인트'를 운영하고 있다. LG카드 회원이면 누구나 마이엘지 포인트 가맹점에서 LG카드로 결제할 경우 사용 금액의 0.1~5%까지 적립되며, 5000포인트 이상 되면 사용할 수 있다.

적립된 포인트는 전국 4만여 개의 마이엘지 포인트 가맹점에서 상품이나 서비스를 구매한 후 결제할 때, 엘지마이숍(www.lgmyshop.com) 내 포인트 사은품 코너 또는 포인트 공동구매 코너에서 물품을 구매할 때, LG카드 SMS서비스 대금을 결제할 때 등에 사용을 할 수 있다.

마이엘지 포인트 가맹점에서 이용했을 경우 마이엘지 포인트가 적립되며, 정상입금 결제된 내역에 대해서만 포인트가 적립된다. 정상입금 후 전산에 반영되는데 약 10일 정도 소요된다. 현금서비스, 론, 연체입금액, 연회비, 각종 수수료 및 이자, 포인트 사용금액 등은 포인트 적립에서 제외되고 연체시에는 포인트 적립의 혜택을 받을 수 없다.

마이엘지 포인트는 1건당 최고 10만 포인트까지 적립되며, 포인트 합계는 무제한으로 적립할 수 있다. 적립 유효기간은 60개월이며, 포인트 적립 후 사용하지 않고 유효기간이 경과되면 포인트는 경과분에 대해 월단위 선입선출로 자동 소멸된다. 카드 이용시 해당 매출건에 대해 정상결제가 이루어지면 결제일로부터 약 10일 후에 포인트가 적립되고 마이엘지 포인트 홈페이지에서 포인트 적립내역을 확인할 수 있다. 마이엘지 포인트 가맹점을 이용할 경우 매출전표에 가용포인트 및 적립 포인트가 표시되므로 이를 통해서도 적립내역을 확인할 수도 있고, 신용카드 이용대금 청구서 및 이메일 청구서에서도 적립 포인트 내역이 표시되어 있다. 또는 인터넷상으로 LG카드 홈페이지 포인트 조회에서 직접 확인하거나 ARS 고객센터(1544-7500)를 이용하여 자신의 가용 포인트와 사용 여부를 확인할 수 있다.

＋마이엘지 포인트를 사용하는 방법＋

마일엘지 포인트는 5000포인트 이상 적립될 때 마이엘지 포인트 가맹점에서 현금처럼 사용할 수 있다. 마이엘지 포인트 가맹점은 마이엘지 포인트 로고가 새겨진 스티커가 부착된 가맹점이며, 마이엘지 포인트 홈페이지를 통해 상세 검색할 수 있다. 또 LG 마이숍 사은품코너에서 다양한 사은품 신청을 할 수 있다. 카드해지, 연체, 거래정지 등이 있는 경우에는 포인트도 사용이 제한된다.

만약 마이엘지 포인트 가맹점에서 포인트 사용이 안 될 경우 우선 LG 카드로 결제한 후 매출일자와 가맹점명, 사용금액 등을 카드사 상담실 (1544-7000)에 알리면 마이엘지 포인트로 상계처리해 준다.

LG카드 '마이엘지 포인트' · · · · · · · · · · · · · · · · TIP

1. 5000점 이상을 적립할 경우 4만여 마이엘지 포인트 가맹점에서 현금처럼 사용할 수 있다.
2. 마이엘지 포인트 사은품 신청으로 현금보다 높은 가치로 활용할 수 있다.
3. LG 텔레콤 이용료 납부, GS칼텍스, GS마트, GS25 등에서 사용할 수 있다.
4. 어려운 이웃 돕기에 기부 : LG카드와 아름다운 재단이 함께 하는 희망나눔 프로그램에 마이엘지 포인트를 기부할 수 있다.

또 webmaster@cardlg.co.kr로 해당 내용을 송부해도 역시 마이엘지 포인트로 적립을 할 수 있다.

마이엘지 포인트 역시 포인트 기부를 통해 어려운 이웃을 돕는 데 사용할 수 있다. LG카드와 아름다운 재단이 함께 하는 희망나눔 프로그램에 마이엘지 포인트를 기부함으로써 저소득계층이나 소외계층을 돕는 나눔에 참여할 수 있다.

현대카드 Ⓜ

알파벳 마케팅을 전개하고 있는 현대카드는 상품별 고객의 라이프 스타일에 맞게 포인트 및 마일리지 서비스도 다양하게 전개하는 전략을 펴고 있다. '현대카드M'의 M포인트는 국내 최고의 포인트 적립률(이용금액의 2%)을 자랑한다. M포인트는 신차 구입시뿐 아니라 차량정비, 항공권 구입 및 마일리지 전환, 쇼핑몰 이용, 기프트 카드 구입 등 다양한 용도로 활용할 수 있다.

통신전용카드인 '현대카드T'는 LG 텔레콤과의 전략적 제휴를 통해 국내 통신전용카드 중 최고의 적립률을 제공한다. 적립된 T포인트는 이동통신 요금을 할인받는데 사용할 수 있다. T포인트는 신용판매 이용시 업종군에 따라 최고 1.5%가 적립되며, 적립된 T포인트만큼 다음 달에 자동이체 처리된 LG 텔레콤 이동통신 요금에서 차감 청구된다.

또 '현대카드U'는 대학생 전용 체크 카드이다. 이 카드로 결제할 경우 가맹점에 따라 최고 1%가 적립되며, U포인트는 인터넷에서 사이버 머니로 이용할 수 있다. 항공전용 카드인 '현대카드A'와 '현대카드K'는 각각 아시아나항공과 대한항공의 마일리지를 적립해 준다. 신용판매 이용시 1,000원당 1마일의 제휴사 항공 마일리지가 기본적으로 적립되며, 현대카드 여행 서비스를 통해 항공권을 예매할 경우 국내선 5%, 국제선 7%의 할인 혜택도 제공된다.

+Car&Life, M포인트+

M포인트란 모든 신용카드 가맹점에서 현대카드M 또는 현대카드C를 사용할 때 적립되는 포인트로 현대카드M을 사용한 일시불 또는 할부 이용금액의 최대 3%(30M포인트)에서 최소 0.5%(5M포인트)까지 적립된다. 단, 카드 1회 이용금액의 1,000원 단위 미만은 절사하여 계산된다. 현대카드C를 사용한 일시불 이용금액은 1,000원당 10M포인트가 적립된다. 포인트 적립과 사용 등에 관련된 기준은 해당 카드별 소지자의 주민등록번호별로 통합 관리되는데, M포인트 적립카드를 2종 이상 소유

할 경우 각 카드별 포인트 적립금액은 소지자의 주민등록번호 1개로 관리되어 합산 사용이 가능하다. 포인트 적립시점은 해당월 결제대금에 대한 입금일을 기준으로 이루어지며, 대금연체시 포인트 적립은 이루어지지 않는다. 연간 사용 포인트에 대해서는 추가 적립을 할 수 있으며. 포인트 사용시 먼저 적립된 포인트 순서대로 소진된다.

현대카드M을 이용하는 회원은 M SAVE 포인트를 통해 현대 및 기아차를 구입할 때 최대 50만 원까지 할인을 받을 수 있는데, 이는 먼저 50만 원의 할인 혜택을 받고 현대카드M을 사용할 때 적립되는 M포인트로 상환해 나가는 현대카드만의 독특한 포인트 서비스 제도이다.

M포인트를 이용한 Car & Life 서비스는 다음에 제시된 표와 같다.

M포인트 사용

	포인트 이용 구분	포인트 이용
Car	신차 구매 차량정밀 성능검사 엔진오일 교환 부품 구매 용품 구매	현대 · 기아자동차 지점 현대 · 기아자동차 직영 서비스센터 현대자동차 그린서비스, 기아자동차 Q서비스 직영 서비스센터 내 모비스 부품매장 직영 서비스센터 내 모비스 용품매장
Life	아시아나항공 마일리지로 전환 대한항공 항공권 구매 M포인트 숍 기프트 카드 교환	현대카드 홈페이지
	현대캐피탈 할부 및 대출원금 상환	현대카드, 현대캐피탈 홈페이지

	포인트 이용구분	포인트 1회 이용한도		비 고
Car	신차 구매	200만	–	현대 · 기아자동차 전차종 가능
	차량정밀 성능검사	5.5만	5.5만	연1회 가능
	엔진오일 교환	5.3만	3.2만	연2회 가능
	부품 구매	10만	–	연간한도 10만
	용품 구매	10만	–	연간한도 10만
Life	아시아나항공 마일리지로 전환	40만 (2만 마일)	10만 (5천 마일)	연간한도 40만
	대한항공 항공권 구매	32만	13만	연간한도 32만
	M포인트 숍	50만	3만	연간한도 50만
	기프트 카드 교환	30만	15만	연간한도 30만
	현대캐피탈 할부 및 대출원금 상환	50만	10만	5년간한도 200만

＋쇼핑을 즐기는 당신, S포인트＋

S포인트는 현대백화점을 제외한 매장에서 사용한 금액에 대해 1,000원당 2~10S포인트가 적립되는 포인트로 가맹점에 따라서 차등 적립된다. 가맹점별 포인트 적립률은 의류, 차량정비 및 부품, 학원, 잡화, 서점, 스포츠용품, 가구, 미용, 헬스, 인테리어 등의 업종에 대해서는 10S포인트 적립률이 적용된다. 한식, 전자지불, 화장품, 보험, 백화점, 항공사, 면세점, 특급호텔, 치과, 제과점 등의 업종에서는 5S포인트 적립률이 적용된다.

또 주유, 홈쇼핑, 대형할인매장, 종합병원, 정보통신기기판매, 자동차판매, 상품권 등에 대해서는 2S포인트의 적립률이 적용된다.

포인트 적립과 사용 등에 관련된 기준은 해당 카드별 소지자의 주민등록번호로 통합 관리되며, 대금연체시 포인트 적립은 이루어지지 않는다. 포인트 적립은 대개 카드결제일 이후 10일 정도의 시간이 소요되며, 적립한도는 제한이 없다. 포인트 유효기간은 5년이고 60개월 이후부터 선입선출 방식으로 포인트는 소멸한다. 적립된 S포인트는 현대백화점 상품권으로 교환할 수 있고, 현대홈쇼핑/Hmall에서 물건을 살 때 사용할 수도 있다.

현대카드S로 현대백화점 내에서 사용한 금액에 대해서는 백화점 포인트(Top Class Program)와 오토(Auto) 포인트가 적립된다. 백화점 포인트는 현대카드S로 현대백화점에서 구매한 금액 1,000원당 1점씩 적립되며 사용 금액대별로 선물은 물론, 이벤트 초대 및 다양한 부가서비스까지 받을 수 있다. 현대백화점이 운영하는 포인트 제도인 톱 클래스 프로그램(Top Class Program)은 포인트가 누적될수록 받는 혜택이 더욱 커지며, 사용 금액대별로 업그레이드된 선물과 이벤트 초대 및 다양한 부가서비스까지 누릴 수 있다. 현대백화점 카드를 이용한 구매금액 1,000원당 1점씩 적립되며, 매년 1월 1일~12월 31일까지의 기간 동안 적립된 포인트를 산정해 각종 혜택을 부여한다. 단, 신규 가입고객에 한해 다음 연도까지 이월이 가능하다.

그 밖에 백화점 방문횟수에 따른 가산 포인트가 부가적으로 적립된다. 적립포인트 4000점 이상(매출기준 400만 원 이상)부터 상품권이나 해당 포인트에 준하는 상품을 받을 수 있다. 사은품을 수령할 수 있는 대상 포인트는 다음 표와 같다.

현대백화점 포인트로 사은품을 수령할 수 있는 대상

백화점 포인트	포인트 등급	혜 택
4000점 이상 6000점 이상 8000점 이상 15,000점 이상 30,000점 이상	Platinum	상품권 2만 원 또는 상품 상품권 3만 원 또는 상품 상품권 6만 원 또는 상품 상품권 14만 원 또는 상품
50,000점 이상 100,000점 이상 300,000점 이상	Club Jasmin	맞춤투어, 미술작품, 명품도자기 중 택 1

오토 포인트는 현대카드S로 현대백화점에서 구매한 금액 1,000원당 5점씩 적립되며 현대 및 기아자동차의 신차 구입시 적립된 포인트만큼 할인 받을 수 있는 포인트이다.

오토 포인트의 유효기간은 5년이다. 최초 적립월을 기준으로 60개월이 경과된 분에 대하여는 선입선출 방식에 따라 소멸된다.

T포인트는 적립된 포인트를 이용해 매월 통신요금을 할인해 주는 캐시백 형태의 포인트 프로그램으로 이용금액 1,000원당 2~15포인트까지 차등 적립된다. 의류, 차량정비 및 부품, 학원, 잡화, 서점, 스포츠용품, 가구, 미용, 헬스, 인테리어 등의 업종군에 대해서는 15T포인트 적립률이 적용된다. 한식, 전자지불, 화장품, 보험, 백화점, 항공사, 면세점, 특급호텔, 치과, 제과점 등에 대해서는 5T포인트 적립률이 적용된다. 또한 주유, 홈쇼핑, 대형할인매장, 종합병원, 정보통신기기판매, 자동차판매, 상품권 등은 2T포인트 적립률이 적용된다.

적립된 T포인트는 포인트 점수와 관계없이 매달 다음 달 통신요금에서 차감되어 청구되며, 당월 적립된 T포인트가 청구된 통신요금을 초과할 경우 잔여 포인트는 자동 이월된다. 통신요금 할인은 현대카드T로 자동이체된 통화요금의 청구시점부터 개시된다.

T포인트 적립은 정상결제를 기준으로 이루어지며, 1회 이용금액의 1,000원 단위 미만은 절사된다. 연체 및 부분 입금시 해당월의 포인트는 제공되지 않는다. 유효기간은 5년이고 60개월 이후부터 선입선출 방식으로 소멸된다.

+최고의 캐시백 제공, I 포인트+

I 포인트는 카드 이용금액(일시불, 할부)은 물론 현금서비스 이용금액에 대해서도 포인트가 적립되어 정기예금 가입일로부터 1년 단위로 다음 달에 회원의 계좌로 1I 포인트당 1원으로 환산하여 캐시백 되는 포인트 프로그램이다. 적립된 I 포인트는 포인트 점수에 관계없이 매년 고객의 우체국 지정계좌에 입금된다. 현대카드I에 재가입하는 고객의 경우 기존의 미지급된 포인트는 새로운 I 카드 정기예금의 만기일로 이관되며, 해지시 적립된 I 포인트는 신용공여기간에 따라 다음 달이나 그 다음 달 초에 입금된다.

I 포인트는 카드 이용금액 1,000원당 최고 25포인트까지, 현금서비스 이용금액 1,000원당 10포인트의 적립률로 적립된다. 신용카드 이용금액에 대해서는 각 업종별로 다른 적립률이 적용되는데 의류, 차량정비 및 부품, 학원, 잡화, 서점, 스포츠용품, 가구, 미용, 헬스, 인테리어 등은 25I 포인트 적립률이 적용된다.

한식, 전자지불, 화장품, 보험, 백화점, 항공사, 면세점, 특급호텔, 치과, 제과점 등은 10I 포인트 적립률이 적용된다. 또한 주유, 홈쇼핑, 대형할인매장, 종합병원, 정보통신기기판매, 자동차판매, 상품권 등은 3I 포인트의 적립률이 적용된다.

I 포인트 적립률은 회원 카드사용 건의 매출접수 시점을 기준으로 정해지며, 적립시점은 포인트 확정기준에 따라 해당 결제일로부터 약

10~15일 정도 소요된다. I 포인트는 카드 사용금액에 따라 연단위로 무제한 적립할 수 있으며, 연체나 부분 입금을 할 경우에는 포인트가 제공되지 않는다.

+인터넷마니아 대학생만의 특권, U포인트+

U포인트란 대학생 고객층을 위해 제공하는 서비스이다. 대학생이 현대카드U를 사용시(할부 및 현금서비스 사용금액 제외) 1,000원당 최고 10포인트가 적립되는 서비스이다.

카드 사용시 적립된 U포인트는 다음(www.daum.net)에서 사이버 머니로 전환하여 사용하거나 포인트뱅킹(www.pointbanking.com)에서 포인트뱅킹 제휴사의 포인트로 교환하여 사용할 수 있다. 즉 포인트뱅킹의 제휴사인 GS이숍, CJmall, YES24, 리브로, 체리야, 해피머니, 해피21, 문화상품권, 케이머스 등에서 포인트를 이용한 구매가 가능한 것이다.

U포인트도 업종별로 2~10포인트까지 적립률이 차등 적용된다. 학원, 서점, 의류, 잡화, 스포츠용품, 미용, 헬스 등은 10포인트 적립률이 적용된다. 전자지불, 한식, 화장품, 백화점, 항공사, 면세점, 특급호텔, 치과, 제과점 등은 5포인트 적립률이 적용되고 주유, 홈쇼핑, 대형할인매장, 종합병원, 자동차판매, 상품권 등은 2포인트의 적립률이 적용된다.

1. 알파벳 마케팅 전개에 따라 고객의 라이프 스타일에 따라 차별화된 포인트를 제공한다.
   - Car&Life, M포인트
   - 최고의 캐시백 제공, I 포인트
   - 쇼핑을 즐기는 당신, S포인트
   - 매달 통화료 캐시백, T포인트
   - 인터넷마니아 대학생만의 특권, U포인트
2. 업계 최고의 다양한 포인트 프로그램과 포인트 적립률을 가지고 있다.
   - 차를 살 때 미리 할인받고 할인 금액만큼 포인트로 갚아가는 '세이브 포인트' 제도
   - 최저 2포인트 적립에서 최고 30포인트 적립까지 각 업종군별 포인트 적립률 차별화
3. 어려운 이웃들과 나누기 : 소외계층을 돕기 위한 다양한 포인트 기부 프로그램을 실시하고 있다.

롯데카드 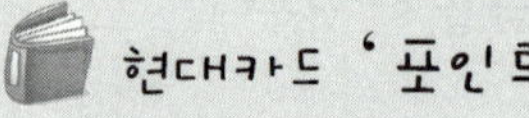

롯데카드는 롯데그룹의 서비스 네트워크에서 적립과 사용이 가능한 '롯데 통합포인트'를 운영하고 있다. 이 포인트는 쇼핑, 레저, 외식, 문

화 등 다양한 업종의 롯데 계열사에서 카드사용을 통해 적립되며, 누적된 포인트를 이전해 사용할 수 있다. 롯데카드의 신용판매 이용을 통해 적립할 수 있는 포인트는 '롯데-SK주유 포인트'와 '롯데백화점 포인트'가 있다.

+롯데-SK주유 포인트+

롯데카드는 롯데카드 회원을 대상으로 전국 4000여 개 SK주유소에서 주유시 리터당 50원씩 적립해 주고, 최초 3만 포인트 도달시 1만 포인트 단위로 사용할 수 있는 SK주유 포인트를 실시한다. 휘발유, 경유, 등유는 휘발유 기준 유가로 환산하여 적립되고 LPG는 제외된다. 이렇게 적립된 SK주유 포인트는 SK주유소에서 주유시 현금처럼 사용할 수 있다. 단, 최초 3만 포인트 도달 시점부터 1만 포인트 단위로 사용할 수 있는데 만약 3만 포인트에 도달되지 않았거나 결제액이 1만 포인트 이하일 경우에는 포인트 결제를 요청하더라도 전액 현금으로 청구된다.

포인트 유효기간은 5년이고, 유효기간이 경과한 후에는 월단위 선입선출로 자동 소멸된다. 카드대금을 연체했을 경우에는 포인트 적립과 사용이 제한되고 연체대금을 입금하더라도 해당월의 포인트는 적립되지 않는다.

3개월간 연체하거나 탈회시에는 전체 포인트가 삭제되므로 신용카드

사용금액에 따른 포인트를 충실히 적립하기 위해서는 카드결제일을 반드시 지키는 것이 중요하다.

＋롯데백화점 포인트＋

롯데카드는 전국에 있는 롯데백화점에서 구매한 금액에 대해 1,000원당 1포인트씩 적립해 주는 롯데백화점 포인트를 연계하고 있다. 2004년 12월 1일부터 변경된 롯데백화점 포인트에 따르면 롯데마트, 롯데슈퍼 등 일부 매장에서의 구매금액에 대해 적립해 주던 기존의 규정을 폐지하고 오직 롯데백화점에서 구매한 금액에 대해서만 포인트 적립이 이루어지도록 하고 있다. 롯데백화점에서의 구매금액에 대한 포인트가 4000포인트 이상일 때 2만 원권의 롯데백화점 상품권을 증정하고, 이후 추가 2000포인트당 1만 원권의 롯데백화점 상품권을 증정한다.

롯데백화점 포인트의 경우 가입월을 기준으로 1년간 포인트가 유효하고 그 이후에는 잔여 포인트가 모두 소멸되며 다시 1년 단위로 포인트 적립이 이루어진다. 따라서 적립 포인트로 상품권을 받기 위해서는 포인트 소멸시점 이전에 상품권 신청을 해야 한다. 상품권 증정은 가입월을 기준으로 1년간의 포인트를 누적하여 다음 해 가입월의 1개월 후까지 수시로 증정한다. 예를 들어 2003년 2월에 가입한 회원의 경우 2003년 2월에서 2004년 1월까지의 포인트를 산정하여 2004년 3월말까지 상품권을 수시로 수령할 수 있도록 하고 있다. 대개의 경우 카드 이용대금 청구서를 통해 상품권 수령 여부와 소멸시점 등을 공지하고 있으므로 청구서 내용을 꼼꼼히 살피거나 자신의 유효기간을 미리 점검해 두면 1년 동안 쌓아둔 포인트를 헛되이 날리지 않을 수 있다. 롯데백화점 포인트는 2개월 연체시 연체금액만큼 전체 포인트가 삭감되고, 3개월 연체시에는 전체 포인트가 삭제된다. 또 상품권을 수령할 시점에 대금이 연체중이거나 해약, 거래중지 회원일 경우 상품권을 받을 수 없다.

 **롯데카드 '포인트'** ·· *TIP*

1. 롯데-SK주유 포인트 3만 점 이상 도달시 SK주유소에서 1만 원 단위로 현금처럼 사용할 수 있다.
2. 롯데백화점 포인트를 4000포인트 이상 적립시 2만 원권의 롯데백화점 상품권을 증정한다. 이후 추가 2000포인트당 1만 원권의 롯데백화점 상품권을 증정한다.
3. 롯데백화점 포인트는 1년 단위로 유효기간을 재산정한다(유효기간은 가입월을 기준으로 1년).
4. 1년간의 유효기간이 지나면 전체 포인트가 삭감된다.

신한카드 Ⓜ

+신한카드 '올 플러스' 포인트+

신한카드는 다양한 포인트 프로그램을 통해 적립한 포인트를 합산하여 사용할 수 있는 '올 플러스(All Plus)' 포인트 제도를 운영하고 있다. 신한카드 이용금액 1,000원당 1포인트를 적립해 주는 기본 리워드 포인트와 더불어 신한은행, 굿모닝신한증권의 고객 중 올 플러스 포인트 적용을 신청한 고객에게 신한은행의 예금·대출·신탁 가입 및 환전 등 각종 금융거래, 굿모닝신한증권에서의 증권거래 등 각 회사 거래실적에 따른 해당 포인트를 합산해 1만 포인트 이상 적립하면 각 포인트대에 맞는 상품 및 상품권을 제공한다. 또 3만 포인트 이상 적립하면 현금이나 상품, 상품권으로 교환해 준다. 이외에도 날짜에 3, 6, 9가 들어가는 3·6·9데이에는 전국에 있는 현대오일뱅크와 GS칼텍스에서 주유할 경우 휘발유 기준으로 리터당 70포인트를 추가로 제공한다.

Travel Bonus 카드, 아시아나 제휴 카드, 스카이패스 제휴 카드, 르노삼성 제휴 카드, LG화재 제휴 카드처럼 자체 마일리지가 제공되는 제휴 카드의 경우에는 은행, 증권거래 포인트와 마일리지가 통합 적립되지 않는다.

기본 리워드 포인트는 신한카드 사용금액(일시불, 할부) 1,000원당 1점씩 리워드 포인트가 적립되고, 3·6·9데이에 사용한 주유, LPG, 교통카드에 대해서는 3, 6, 9포인트가 리워드 포인트에 추가 적립된다. 3, 6, 9포인트는 2005년 12월 31일까지만 제공된다.

3·6·9데이 주유시 리터당 70원이 추가 적립되는 주유 3, 6, 9포인트는 전국에 있는 현대오일뱅크와 GS칼텍스 주유소에서 1일 1회에 한해 10만 원까지 이용할 수 있다. LPG의 경우에는 현대 LPG, GS칼텍스 LPG, E1 LPG 충전소에서 리터당 30원씩 리워드 포인트에 추가 적립이 이루어진다. 1일 1회에 한해 5만 원까지 이용할 수 있다.

신한은행의 올 플러스 포인트 적립기준

거래종류		거래적립포인트	추가적립포인트	최고포인트
예금	적립	100포인트/20만 원	25포인트/20만 원	
	거치	100포인트/1,000만 원	25포인트/1,000만 원	
대출	가계대출	100포인트/1,000만 원	25포인트/1,000만 원	
	기업/예금담보	100포인트/2,000만 원	10포인트/2,000만 원	200포인트/2,000만 원
외환	환전	100포인트/500달러	25포인트/500달러	
	송금/수표	100포인트/500달러	25포인트/500달러	
	수익증권	100포인트/1,000만 원	25포인트/1,000만 원	
기타	온라인서비스	OK-폰 신규등록 후 비밀번호 등록시 100포인트 인터넷뱅킹 신규등록 후 최초 접속시 100포인트		
	급여이체	3개월 연속하여 급여이체시 3개월째부터 매월 20포인트		
	공과금이체	공과금이체시 건당 매월 5포인트(월 최대 3건)		

또 신한카드 홈페이지에 있는 GS이숍을 이용할 경우 2%의 리워드 포인트가 추가로 적립된다.

올 플러스 포인트의 통합범위는 신한카드로 이용한 신용카드 거래(Gift 카드 및 KTC 구매, BUXX 카드 충전 제외), 신한은행의 예금·대출·외환·수익증권 거래·온라인 서비스 신규가입·급여이체 및 공과금이체 실적 등이며, 굿모닝신한증권에서의 위탁매매 실적·금융상품 거래 실적·기타 부수거래 실적 등이다.

신한 리워드 포인트의 경우 정상결제 회원에 한해 결제일이 속한 주의 주말에 적립이 이루어지고, 연체시 포인트 적립은 제외된다. 3, 6, 9 포인트는 매입일이 월, 화, 수요일인 경우에는 매입일이 속한 주의 주말에 적립되며, 매입일이 목요일과 금요일인 경우에는 매입일이 속한 주의 다음 주 주말에 적립된다. 3·6·9데이에 주유시 30원의 추가 적립은 거래월 다음 달 20일경에 이루어지고 은행·증권 등의 포인트(올 플러스 포인트)는 거래월의 다음 달 10~15일경에 적립된다.

신한카드의 올 플러스 포인트의 유효기간은 5년이다. 탈회시나 상각, 회원 유효기간의 경과, 연체 및 거래정지시에는 포인트 사용이 제한된다.

거래종류		거래적립포인트	추가적립포인트	최고포인트
위탁매매	주식 및 선물 옵션 수수료	5포인트/1,000원	5포인트/1,000원	
금융상품	랩어카운트 수익증권 수수료	10포인트/1,000원	10포인트/1,000원	
	랩어카운트 가입축하	5000포인트/최초가입		5000포인트
	랩어카운트 수입 수수료	10포인트/1,000원		
기 타	기타 수익발생 모든 상품 수수료	5포인트/1,000원	5포인트/1,000원	
	신규 계좌 개설	주식위탁, 파생위탁, 근로자 주식저축, 수익증권 계좌 신규 개설 각 1000포인트		4000포인트
	타사 대체입고 및 계좌 이관	주식기준 100주 또는 평가금액 100만 원 이상시 건당 1000포인트		
	동일인(주민등록번호) 기준 월 단위 최대한도 50,000포인트			

+올 플러스 포인트를 사용하는 방법+

올 플러스 포인트는 5000점 이상부터 사용할 수 있다. 5000점 이상이 되면 대법원의 민원서류나 우체국 서비스를 이용할 수 있는 데이콤 사이버패스로의 전환이 가능하다. 신한카드 포인트몰 가운데 금융몰에서 '올 플러스 포인트'를 사이버패스로 전환한 뒤 대법원의 민원서류나 우체국 서비스 등을 이용하면 된다.

올 플러스 포인트가 1만 점 이상이 되면 굿모닝신한증권에서 사용하는 굿아이 포인트로의 전환이 가능하므로 신한카드 금융몰에서 올 플러스 포인트를 굿아이 포인트로 전환해 굿모닝신한증권 거래시 이용하면 된다. 그 밖에도 1만 점 이상이 쌓이면 포인트 쇼핑몰에서 포인트 점수에 해당하는 물품을 구매할 수 있고, 기부몰에 포인트를 기부하여 어려운 이웃을 도울 수도 있다. 서비스몰의 운세 · 사주보기나 휴대폰 벨소리 및 캐릭터 다운로드, 휴대폰 무료통화 신청도 할 수 있다. 3만 점 이상이 적립되면 적립한 포인트만큼 현금으로 돌려받는 캐시백도 가능하다.

신한카드 포인트몰은 크게 금융몰 · 서비스몰 · 쇼핑몰 · 기부몰로 구분되는데 금융몰에서는 포인트 교환이나 캐시백 서비스가 제공되고, 서비스몰에서는 운세나 사주 같은 다양한 온라인 컨텐츠와 벨소리 및 캐릭터의 다운로드, 휴대폰 무료통화 신청과 같은 휴대폰 컨텐츠를 제공한다. 쇼핑몰에서는 갖고 싶은 물건이나 복권을 포인트로 구매할 수 있는 서비스가 제공되며, 기부몰을 통해서는 그 동안 알차게 모은 포인트를 뜻깊게 사용할 수 있도록 어려운 이웃을 돕는데 포인트를 기부할 수 있도록 하고 있다.

올 플러스 포인트의 유효기간은 5년이다. 유효기간이 경과되거나 회원 탈회 및 상각, 회원 유효기간의 경과, 연체 및 거래정지일 경우에는 포인트 이용이 제한된다.

1. 5000점 이상 적립했을 때부터 사용할 수 있다.
2. 다양한 추가 포인트 적립 제도를 가지고 있다.
   - 신한은행, 굿모닝신한증권의 모든 거래 실적을 포인트로 환산, 신한카드 리워드 포인트에 합산하여 포인트를 적립한다.
   - 3·6·9데이 주유, LPG, 교통카드 사용에 대해 추가 포인트를 적립해 준다(2005년 12월 31일까지).
   - 신한카드 홈페이지에 있는 GS이숍을 이용할 경우 리워드 포인트를 2% 추가 적립해 준다.
3. 올 플러스 포인트로 즐기는 다양한 서비스를 제공한다.
   - 데이콤 사이버패스로 전환해 민원서류 발급수수료 결제 등에 이용한다.
   - 굿모닝신한증권 거래시 이용 가능한 굿아이 포인트로 전환할 수 있다.
   - 포인트 쇼핑몰에서 쇼핑에 사용할 수 있다.
   - 운세 및 사주보기, 휴대폰 벨소리 및 캐릭터 다운로드, 휴대폰 무료통화 신청을 할 수 있다.
4. 어려운 이웃들과 나누기 : 포인트 기부몰을 통해 포인트를 기부할 수 있다.

MILEAGE SERVICE

좀도리의 경제학,

캐시백 포인트

　옛날 쌀항아리에서 쌀을 퍼낼 때 한 움큼씩 덜어서 조그만 항아리에 모아두는 일을 '좀도리'라고 일컬었다. 캐시백 서비스는 이 같은 좀도리의 지혜를 현대인의 소비패턴에 적용한 서비스라 할 수 있다. 매번의 소비에서 발생한 금액의 일부분을 소비자에게 돌려줌으로써 이렇게 조금씩 모여진 캐시백 포인트가 일정 금액 이상 적립되면 현금과 같은 구매력을 발휘할 수 있게 되는 것이다.

　현재 국내에서 가장 광범위하게 사용되고 있는 대표적인 캐시백 서비스인 'OK 캐시백(OKCashbag)'을 통해 좀도리의 경제학이 발휘하는 캐시백 포인트의 미학을 살펴보도록 한다.

OK 캐시백을 알아보자 Ⓜ

＋OK 캐시백이란？＋

OK 캐시백은 온·오프라인에 있는 OK 캐시백 가맹점을 이용했을 때 사용한 금액의 일정 비율을 캐시백 포인트로 적립해 주는 서비스를 말한다. 보통 이용금액의 3~5%, 최고 15%까지 가맹점에 따라 차등적으로 적립이 된다.

OK 캐시백 가맹점에서 물건이나 서비스를 구매하고 이를 계산할 때 OK 캐시백 카드를 함께 제시하면 구매금액의 일정 비율이 캐시백 포인트로 적립된다. OK 캐시백 적립은 OK 캐시백 카드로 통칭되는 여러 제휴사의 카드를 이용하여 구매한 물품의 포장지에 붙어 있는 OK 캐시백 쿠폰 모으기, 그리고 OK 캐시백 사이트 회원 가입을 통해 각종 이벤트 등에 참여함으로써 쌓이는 포인트들이 모두 합산되어 다양한 채널을 통해 포인트를 적립하고 다양하게 활용할 수 있다. OK 캐시백 제휴 신용카드 고객의 경우, OK 캐시백 가맹점이 아닌 곳에서 사용하여도 카드 사용금액의 일정 비율을 포인트로 적립받을 수 있다.

이렇게 적립된 포인트는 온·오프라인 가맹점에서 현금처럼 사용할 수 있는데, 1포인트라도 있으면 온라인 가맹점에서는 사용할 수 있으며, 5000포인트 이상이면 오프라인 가맹점에서 사용할 수 있다. 그리고 5만 포인트 이상이면 현금으로 돌려받을 수 있다.

포인트로 결제시에는 16자리의 카드번호와 함께 4자리의 비밀번호를 입력해야 하는데, 초기 비밀번호는 주민등록상의 월일 네 자리(****)로 설정되어 있다. OK 캐시백 회원으로 가입한 후 보안을 위해 자신만의 비밀번호로 수정하는 것이 좋다.

캐시백 가맹점에서의 1회 적립한도는 10만 점(10만 원)이며, 적립 유효기간은 5년이다. 거래 즉시 발생포인트, 누적포인트, 가용포인트를 별도의 전표 또는 신용카드 조회 단말기를 통해 확인할 수 있다. OK 캐시백 포인트는 적립시점의 경과에 따라 발생포인트, 가용포인트, 누적포인트의 단계를 거치는데 발생포인트란 캐시백 가맹점에서 결제시 가맹점에서 고객에게 적립해 주는 포인트를 말한다. 가용포인트는 가맹점으로부터의 발생포인트 적립이 확인되어 실제로 사용할 수 있는 포인트로 전환된 포인트를 말하고, 누적포인트는 현재까지 모든 가맹점에서 적립한 캐시백 포인트의 총점을 말한다.

OK 캐시백 서비스는 기본적으로 가입비나 연회비가 없는 무료 적립 서비스라 할 수 있다. 다만 두 곳 이상의 가맹점 포인트가 합산 관리되는 포인트 통합 서비스를 받는 회원의 경우 적립금의 10%를 연회비 명목으로 차감하고 있으나 연간 3000점을 초과하지는 않는다. 캐시백 가맹점에서 1회 이상 서비스를 이용하거나 캐시백 쿠폰을 적립하면 OK 캐시백 서비스 이용 약관에 동의한 것으로 간주된다. 엔크린 보너스 카드나 011 리더스클럽 카드, TTL 카드, 017 i-club 카드, 기타 OK 캐시백 제휴 카드 중 어느 것도 갖고 있지 않은 경우 OK 캐시백 회원으로 등록하면 엔크린 보너스 카드가 즉시 무료로 발급된다.

+OK 캐시백 카드란?+

OK 캐시백 카드란 캐시백 카드가 따로 있는 것이 아니라 OK 캐시백과 제휴한 제휴사가 함께 발급하는 캐시백 서비스를 받을 수 있는 모든 제휴 카드를 일컫는 총칭이다.

로또복권에 당첨되는 비법의 제1 수칙이 로또복권을 구매하는 것이듯 OK 캐시백 서비스를 이용하고자 한다면 먼저 캐시백 적립카드를 만드는 것이 가장 먼저 해야 할 일이다. 현재 OK 캐시백과 제휴되어 있는 캐시백 카드의 종류는 약 70여 종으로 엔크린 보너스 카드, 리더스클럽 카드, TTL 카드, UTO 카드, SK 패션카드, T.G.I. 프라이데이스 등 OK 캐시백 마크가 들어 있는 카드나 OK 캐시백과 제휴된 신세계 · 이마트 카드, 제휴 신용카드 등이 여기에 속한다.

따라서 자신이 소지하고 있는 카드 중 OK 캐시백 마크가 들어 있는 이동통신카드(SK 텔레콤 멤버십 카드)나 주유 카드(엔크린 보너스 카드), 또는 신용카드가 있다면 별도로 OK 캐시백 카드를 발급 받을 필요 없이 OK 캐시백 마크가 있는 카드를 그대로 사용하면 OK 캐시백 포인트

를 적립할 수 있다. 만약 소지하고 있는 카드 가운데 OK 캐시백 카드로 사용할 수 있는 카드(OK 캐시백 마크가 들어 있는 카드)가 하나도 없다면 SK주유소, SK패션, T.G.I. 프라이데이스, 신세계 등 가까운 OK 캐시백 가맹점에 신청하면 OK 캐시백 기능을 갖춘 제휴 카드를 발급 받을 수 있다.

또 www.okcashbag.com에 등록하면 엔크린 보너스 카드가 발급되어 OK 캐시백 포인트 적립카드의 기능을 수행하게 된다. OK 캐시백과 제휴한 신용카드를 발급 받아도 캐시백 서비스를 이용할 수 있다. 엔크린 보너스 카드의 경우 원래 SK주유소 이용회원을 위해 만들어졌던 카드이지만 주유소 이외의 일반 캐시백 가맹점에서도 캐시백 서비스를 받을 수 있다.

주유/통신	주유카드	엔크린 보너스 카드
	통신카드	- 017 i-club 카드(아이센스/아이짱/아이클래식/아이프로) - TTL 카드(스쿨/스쿨VIP/일반/일반VIP) - UTO 카드(일반/VIP) - 리더스클럽 카드(일반/VIP/골드) - CARA 카드(일반/VIP)
	보험카드	교보UMC 카드 (보험 가입용/보험 미가입용/점검특약 가입용)
캐시백 제휴 신용카드	주유할인 신용카드	OK Check 교육/OK Check 마사회/OK Check 지역사랑/SK 엔크린 보너스 LG카드/SK엔크린 보너스 현대카드/기업은행 My Check 카드/기업은행 The Fine 카드 /농협 OK 체크카드/엔크린 보너스 KB카드/엔크린 보너스 외환카드
	포인트 적립 신용카드	신세계한미카드/한미은행 프리챌 플러스 카드/국민은행 I-Need 카드/OK LG카드/외환은행 YesOK 카드/엔크린 보너스 LG카드/씨티은행 OK Plus 카드/한미은행 OK 캐시백 카드/신한은행 캐시백 카드/버거킹패밀리OK LG카드/버거킹패밀리OK Pre-i카드/제일은행 퍼스트 플러스 카드/엔크린 보너스 외환카드/제일은행 퍼스트 골드 카드/경남은행 가고파 사랑 카드(신용)/경남은행 OK 플러스 카드(체크)/대구은행 짱 신용카드/대구은행 짱 체크카드/수협 OK 다모아 카드/외환은행 OK Premium Yes4u 카드/창원은행 사랑카드(신용)/하나은행 한꿈이 카드/현대까르푸 카드(골드 모네타/골드 카드/일반 모네타/일반/체크 모네타/체크 카드)
	모네타 카드	LG 모네타 카드/삼성 모네타 카드/외환 모네타 카드/한미 모네타 카드
캐시백 제휴 카드	먹거리	KFC 훼미리 카드/성심당 카드/스테프핫도그 카드/아모제 카드/T.G.I. 프라이데이스 카드
	살거리	1001안경 카드/DPI 멤버십 카드/SKC플라자 카드/갤러리존 카드/디어베이비 카드/리브로 카드/아가방패밀리 카드/전자랜드 제휴 카드/카스피 코너스 카드/훼미리마트 카드
	생활서비스	T-Money 카드/두루넷멀티멤버스 카드/우리홈쇼핑 카드/하나 한꿈이 카드

+OK 캐시백 포인트의 적립+

SK주유소 및 전국 캐시백 가맹점과 온라인 가맹점 그리고 OK 캐시백 홈페이지(www.okcashbag.com) 이용시 엔크린, 리더스클럽 카드, TTL 카드, 기타 캐시백 제휴 카드를 제시하면 가맹점마다 지정되어 있는 포인트가 적립된다. 가맹점에 따라 각기 다른 적립률이 적용되기 때문에 포인트 적립액은 가맹점별로 차등 적용된다. 따라서 적립률이 높은 가맹점을 집중적으로 이용한다면 적립률이 낮은 가맹점을 이용할 때보다 상대적으로 포인트 적립에 유리하므로 OK 캐시백 홈페이지에서 가맹점 정보를 이용해 원하는 가맹점과 적립률 등을 참고해 전략적으로 이용하는 것이 효과적이다.

적립된 포인트를 사용할 때에는 특별한 제한이 없지만, 포인트를 적립할 때에는 1일 10만 포인트의 적립한도 제한이 있다. 단, SK주유소를 이용할 경우에는 1회 10만 원, 월 주유액 70만 원까지만 포인트가 적립된다. 만일 SK주유소에서 20만 원을 적립하려 한다면 1회 한도가 초과하므로 10만 원씩 2번에 나누어 적립하면 된다.

알뜰살뜰 OK 캐시백 적립하기 Ⓜ

+쿠폰으로 OK 캐시백 적립하기+

OK 캐시백의 가장 일반적인 적립방법 중에 하나가 바로 쿠폰을 이용하는 것이다. 우리는 제품들 포장지에서 OK 캐시백 로고가 붙어 있는 쿠폰을 볼 수 있다. 그러므로 각 제품을 구매한 후 여기에 붙어 있는 쿠폰을 오려 OK 캐시백 모음판에 붙인 후 쿠폰 수거함에 넣으면 모여진 쿠폰 점수만큼 OK 캐시백 포인트가 적립된다. 이때 쿠폰을 모아 OK 캐시백 모음판에 붙인 후 반드시 고객 인증 바코드를 출력해 모음판 좌측에 부착해야 자신의 OK 캐시백 구좌로 포인트가 적립된다. 쿠폰 모음판 및 회원 바코드 출력기, 쿠폰 수거함은 SK쿠폰 지정 주유소 및 쿠폰 취급점에 마련되어 있고, 쿠폰 수거함이 있는 SK쿠폰 지정 주유소나 쿠폰 취급점은 OK 캐시백 홈페이지를 통해 확인할 수 있다.

쿠폰 모으기를 할 때 특히 주의할 점은 캐시백 쿠폰의 적립 유효기간을 확인해야 하는 것이다. 적립 유효기간이 지난 쿠폰은 아무리 모아봐야 포인트 적립이 되지 않기 때문이다. OK 캐시백 쿠폰의 적립 유효기간은 제품 유효기간 이후 3개월까지이며, 적립 유효기간이 지난 제품을 구입한 경우에는 고객센터에 글을 남기면 1개월 연장해준다. 쿠폰을 오릴 때 반드시 적립 유효기간을 확인해서 애써 모은 쿠폰의 포인트가 날아가지 않도록 주의를 기울일 필요가 있다.

한편 제품 포장지에 있는 일반 쿠폰 외에도 OK 캐시백 포인트를 덤으로 얻을 수 있는 쿠폰이 있는데, 각종 이벤트에 참여할 경우 받을 수 있는 보너스 쿠폰과 OK 캐시백 취급점에서 일정 금액 이상 구매시 지급하는 취급점 쿠폰이 그것이다. 각종 이벤트에 참여할 경우 받을 수 있는 보너스 쿠폰은 OK 캐시백 쿠폰광고가 게재된 잡지나 OK 캐시백 DM모음판, OK 캐시백 홈페이지 캐시백 쿠폰을 통해 받을 수 있다. 또 대형 할인매장이나 이마트, 또는 SK주유소 등에서 일정 금액 이상의 물건을 구매할 경우 취급점에서 지급하는 취급점 쿠폰을 발행해 준다. 이러한 보너스 쿠폰과 취급점 쿠폰을 꼼꼼히 챙겨 쿠폰으로 쌓을 수 있는 OK 캐시백 포인트를 높이도록 한다.

OK 캐시백 홈페이지에서 매달 쿠폰제품과 보너스 쿠폰 관련 정보가 바뀌므로 이를 참고해 포인트 적립에 활용하도록 한다.

+OK 캐시백 카드로 적립하기+

OK 캐시백 서비스를 받을 수 있는 카드로는 엔크린 보너스 카드 및 스피드 011 평생특권 카드, TTL 카드, 017 i-club 카드, T.G.I. 프라이데이스 골드포인트 카드, SK패션 카드와 OK 캐시백 마크가 있는 신세계·이마트 카드, OK 캐시백 제휴 신용카드 등이 있다. OK 캐시백 서비스 카드 및 제휴 카드는 제휴 관계의 확대에 따라 계속 추가될 수 있다.

OK 캐시백 카드로 포인트를 적립하려면 물품을 구입하거나 서비스를 이용한 후 계산할 때 OK 캐시백 적립카드를 함께 제시하면 된다. 예를 들어 OK 캐시백 가맹점인 프레스코에서 식사를 한 후 3만 원의 금액을 결제해야 한다면 현금결제의 경우 현금 3만 원과 OK 캐시백 카드를 함께 제시하면 결제금액 3만 원에 해당하는 포인트가 OK 캐시백 카드에 적립된다. 신용카드로 결제를 할 경우에는 OK 캐시백 제휴 카드일 경우와 제휴 카드가 아닐 경우가 있다. 만약 OK 캐시백 제휴 카드가 아닌 신용카드로 결제를 한다면 신용카드와 함께 OK 캐시백 적립카드를 제시해야 포인트가 적립된다. OK 캐시백 서비스를 받을 수 있는 신용카드의 경우 결제와 OK 캐시백 적립이 동시에 가능하기 때문에 OK 캐시백 카드를 별도로 제시하지 않고 카드 결제만으로도 OK 캐시백 적립을 할 수 있다. OK 캐시백 마크가 있는 외환카드, 삼성카드, 신한카드, 시티카드 등의 신용카드는 결제기능을 지닌 OK 캐시백 카드라고 보면 된다. 또 OK 캐시백과 제휴한 신용카드로 SK주유소에서 결제할 경우 추후에 1,000원당 5점씩(금액의 0.5%) 포인트가 추가 적립되며, 일반 가맹점에서 사용할 경우 결제금액의 0.2~0.3%가 적립된다. 예외적으로 삼성 캐시백 제휴 카드는 SK주유소를 이용할 경우 금액의 1%가 즉시 적립된다. 현재 OK 캐시백 제휴 신용카드로 SK주유소 및 캐시백 가맹점에서 신용결제할 경우 캐시백 포인트가 함께 적립된다.

 ## OK 캐시백 포인트 적립노하우

1. 계산은 옆사람이 해도 포인트 적립은 내 카드에 한다.
캐시백 가맹점에서는 누가 어떤 방법으로 계산하든지 캐시백 카드를 읽힌 사람에게로 포인트가 적립된다. 캐시백 적립에 무관심한 사람과 있을 때, 계산은 옆사람이 하더라도 그에 해당하는 포인트 적립은 자신의 캐시백 카드에 챙기도록 한다.

2. 간단한 교육을 한 후 포인트에 관심이 없는 가족들을 나의 포인트요원으로 활용한다.
혼자 감당하기에는 너무 많아진 캐시백 가맹점 카드도 없이 가맹점을 드나드는 가족들을 전격적으로 활용해 보자. 자신의 이름으로 여러 장의 캐시백 카드를 만들고 한 장씩 나눠준 후 OK 캐시백 가맹점 표시가 있는 곳에서는 항상 캐시백 카드를 함께 내도록 교육시킨다. 아마도 쑥쑥 불어나는 OK 캐시백 포인트를 확인할 수 있을 것이다.

3. 패밀리 포인트로 몰아서 사용한다.
포인트에 별 관심이 없는 가족들, 이들의 흩어진 포인트를 모아 큰 덩어리로 만들 수 있다. 패밀리회원 신청을 통해 가족들의 포인트를 합산해 사용할 수 있다. 온 가족의 포인트를 모아 좀 더 커진 포인트 혜택을 누려보자.

OK 캐시백 적립이 가능한 카드를 발급 받았다면 본격적으로 OK 캐시백 포인트 모으기에 관심을 기울여 보자. 포인트 사용 및 적립내역 확인, 가맹점 정보와 이용 안내 등 OK 캐시백 홈페이지를 이용하면 포인트 적립에 유용한 많은 정보를 얻을 수 있을 뿐 아니라 사이트의 각종 이벤트나 방문 참여로 인한 보너스 포인트 적립도 할 수 있다. 먼저 OK 캐시백 사이트 회원으로 가입하는 것이 필수이다.

OK 캐시백 홈페이지에서 OK 캐시백 포인트 쌓기 메뉴를 클릭한 후 다양한 컨텐츠 서비스를 이용할 수 있다. 영화 예고 동영상, 플래시애니메이션 등을 통해 간단한 퀴즈 풀기, 유용한 사이트에 가입하기, 또는 다양한 혜택의 이벤트에 참여함으로써 온라인상에서 포인트를 쌓을 수 있다. 참여방법이 간단하고 참여해 쌓은 포인트는 실시간으로 가용포인트로 전환되기 때문에 일반 가맹점을 이용하는 것보다 훨씬 빠르고 편리하게 포인트를 적립할 수 있는 장점이 있다.

1일 퀴즈 메뉴에서 퀴즈 풀기에 참여하면 매일 100명을 추첨하여 100포인트의 행운권을 준다. 여기서의 포인트 행운권이란 캐시백 포인트로 전환될 수 있는 포인트 금액이 적힌 행운권을 말한다. 포인트 쌓기에서 받은 이 포인트 행운권의 금액을 확인하는 즉시 캐시백의 가용포인트로 전환된다. 그 밖에 캐시백 몰에 출석하고 행운의 게임에 응모하기, 사이트의 각종 설문조사에 참여하기, 가맹점을 이용한 후의 평가하기 등에 참여함으로써 캐시백 포인트를 쌓을 수 있다. 그 밖에 OK 캐시백과 제휴한 게임이나 각종 사이트에 가입함으로써 포인트를 적립할 수 있다.

　OK 캐시백 홈페이지에서 포인트 쌓기를 통해 한 번에 획득한 포인트 금액이 1만 포인트 이상일 경우 제세공과금 22%를 공제한 나머지 차액만이 회원의 가용 캐시백 포인트로 전환되는데, 획득한 금액이 소액으로 여러 번에 걸쳐 획득한 것이라면 합산금액이 1만 포인트를 넘어도 제세공과금을 부담하지 않는다. 즉 하루에 5000, 9000, 3000포인트씩 세 차례 당첨으로 합산금액이 1만 포인트가 넘는 1만 7000포인트가 되더라도 이런 경우에는 제세공과금 면제 혜택을 받을 수 있다.

+OK 캐시백, 필요한 만큼 충전하기+

OK 캐시백 가맹점 이용이나 쿠폰 모으기 등을 통해 차곡차곡 포인트를 적립하는 방법 외에 OK 캐시백 포인트를 높일 수 있는 간단한 방법 중에 하나가 바로 포인트 충전을 이용하는 것이다. OK 캐시백은 회원 누구나 자신이 원하는 만큼의 포인트를 간편하게 충전하여 사용할 수 있도록 하고 있다. 말하자면 현금을 주고 필요한 만큼의 OK 캐시백 포인트를 구매하는 것이다. OK 캐시백 1포인트당 현금 1원의 비율로 구매할 수 있고 이렇게 구매한 OK 캐시백 포인트는 적립된 포인트와 동일한 혜택을 누릴 수 있으며, 구입한 즉시 사용할 수 있다. 예를 들어

OK 캐시백 적립 포인트가 1300점인 회원이 싸이월드에서 30개의 도토리를 구매하려고 한다. 이 경우 OK 캐시백 3000포인트가 필요한데 자신이 적립한 포인트는 1300점이므로 1700포인트가 부족한 셈이다. 이때 1700포인트에 대해 OK 캐시백 포인트 충전을 이용하면 자신의 적립 포인트 1300점과 충전 포인트 1700점을 합산해 3000포인트 상당의 싸이월드 도토리 30개를 구매할 수 있는 것이다.

이처럼 온라인 소액결제를 이용할 때 OK 캐시백 포인트를 이용하면 Point Get Point 시스템의 혜택을 받을 수 있는 장점이 있다. 이미 온라인상에서 편리한 소액결제 수단으로 널리 사용되고 있는 OK 캐시백 포인트는 Point Get Point 시스템을 통해 OK 캐시백 포인트를 온라인 결제 수단으로 이용했을 경우 포인트 사용금의 일정 부분을 다시 캐시백 포인트로 적립해 주고 있다. 따라서 온라인상에서 OK 캐시백 포인트를 사용하면 사용한 OK 캐시백 포인트에 대해 일정 부분 다시 포인트가 쌓이는 혜택을 볼 수 있다.

OK 캐시백 포인트 충전은 계좌이체를 통해서만 가능하고, 1회 최대 50만 원까지 충전할 수 있다. 이렇게 충전한 캐시백 포인트는 마일리지 적립 서비스의 취지를 보호하고 타인 계좌의 도용을 방지하기 위해 현금으로는 환급할 수 없다.

OK 캐시백 포인트 사용하기 

+오프라인에서 사용하기+

적립된 OK 캐시백 포인트의 가용포인트가 5000점 이상이 되면 전국의 OK 캐시백 가맹점에서 현금처럼 이용할 수 있다. OK 캐시백 마크가 부착된 가맹점에서 OK 캐시백으로 결제하겠다는 의사를 밝히면 자신의 가용포인트 내에서 현금과 동일한 비율로 결제할 수 있다.

+온라인에서 사용하기+

온라인 가맹점에서는 포인트에 제한 없이 1점만 있어도 사용할 수 있으며, 사용 가능한 온라인 가맹점은 OK 캐시백 홈페이지에서 확인할 수 있다. 특히 OK 캐시백 홈페이지의 "포인트 쓰기"로 가면 다양한 포인트 상품들이 구비되어 있어 현금구매보다 저렴하게 상품을 구매할 수 있다. 포인트몰에서 상품을 구매할 때 최저 3000포인트는 포인트로 결제한 후 나머지 금액에 대해서는 현금, 카드, 포인트 등으로 자유롭게 채울 수 있어서 결제방법을 2가지 이상 함께 복수결제할 수 있다. 포인트 상품의 주문은 일반 인터넷 쇼핑몰의 주문내용과 비슷하며 결제시 OK 캐시백 포인트를 이용할 수 있다는 점이 차이점이다. 적립한 OK 캐시백 가용포인트로 결제할 수 있으며, 주문서를 작성할 때 결제방법을 캐시백 포인트로 선택하면 된다. 그런 다음 회원의 캐시백 카드번호를 입력하고 비밀번호 4자리를 입력하면 OK 캐시백 포인트로 대금결제가 이루어진다.

+포인트 환급받기+

OK 캐시백 포인트가 5만 점 이상인 고객이 환급신청을 할 경우 회원의 계좌로 입급처리되어 현금으로 돌려받을 수 있다.

 ## OK 캐시백 가맹점 200% 활용하기

1. 행동반경 내의 OK 캐시백 가맹점을 적극적으로 이용한다.
OK 캐시백 사이트에서 가맹점 지도 서비스를 이용하여 자주 다니는 지역의
OK 캐시백 가맹점은 기본으로 확인해 둔다. 만약 미리 확인해 두지 못했을
경우에는 업소 입구에 OK 캐시백 가맹점 스티커가 있는지 확인하면 된다.
이왕이면 OK 캐시백 가맹점을 이용하고 포인트도 적립하는 행동반경을 형
성하도록 한다.

2. OK 캐시백 포인트를 생활화한다.
OK 캐시백은 패밀리 레스토랑, 롯데월드, T.G.I. 프라이데이스, 영화관 등
오프라인 가맹점뿐 아니라 온라인 가맹점인 한게임, YES24, SKDTD, 바나
나 TV, 싸이월드 등에 이르기까지 다양하고 방대한 제휴망을 구축하고 있
다. 때문에 이들 가맹점의 위치와 혜택을 미리미리 확인해서 자신의 생활 곳
곳에 포진시키는 OK 캐시백 포인트 생활을 즐겨보자. 예를 들어 회사의 회
식이나 친구들끼리의 모임이 있다면 OK 캐시백 가맹점에서 모임을 갖도록
제안하는 것이다. 회식비를 결제할 때 자신의 OK 캐시백 카드를 함께 제시
하면 엄청난 회식비용에 대한 포인트가 자신의 OK 캐시백 포인트로 적립될
수 있는 것이다.

3. 가맹점에서는 신용카드보다 현금이 유리하다.
OK 캐시백 포인트 적립을 염두에 둔다면 신용카드보다 현금결제가 유리하
다. 현금결제의 경우 평균 3% 이상의 OK 캐시백 포인트가 적립되기 때문이
다. 그러나 OK 캐시백 제휴 신용카드를 소지한 경우라면 당연히 OK 캐시백
제휴 신용카드를 이용하는 것이 유리하다. 가맹점에서 부여하는 OK 캐시백
포인트와 함께 신용카드 이용금액에 대한 일정 비율이 OK 캐시백 포인트로
함께 적립되기 때문에 이중의 포인트 적립 효과를 발휘하기 때문이다.

MILEAGE SERVICE

부록

실속파 신용카드족
따라잡기

신용카드 활용의 기초 

무분별한 신용카드의 발행과 사용으로 초래된 신용대란은 신용카드 사용에 대한 국민 모두의 경각심을 일깨우는 계기가 되었다. 따라서 신용관리의 중요성과 자신에게 부여된 신용으로 합리적이고 효율적으로 신용카드를 사용하는 지혜가 또 하나의 재테크로 자리매김하고 있다. 일상의 소비부분에서 가장 큰 활용도를 자랑하고 있는 신용카드는 잘만 활용하면 여러 가지 할인 혜택과 수수료 절감 등 합리적인 소비생활의 근간을 이룰 수 있고, 연말 소득공제 활용을 통한 세테크의 효과도 기대할 수 있다. 우리의 소비생활에 가장 가까이 와 있는 신용카드의 여러 가지 혜택과 지혜로운 활용법들을 정리해 본다.

 **실적이 있어야 혜택도 있다**

신용대란을 거치며 신용카드사들은 기존의 회원들에게 부여하던 혜택을 대폭 축소하고 이전의 퍼주기식 마케팅을 크게 수정해 카드 이용 실적에 따른 Give&Take 방식의 마케팅을 펴고 있다. 즉 자사의 카드를 소지한 사람이면 누구에게나 무차별적으로 부여하던 할인 혜택이나 서비스를 카드 이용실적에 따라 쓴 만큼 되돌려주는 방식을 취하는 것이다. 때문에 신용카드사들의 다양한 할인 및 부가서비스는 일정 금액 이상의 카드사용 실적이 있어야 이용할 수 있게 된 것이다.

롯데카드는 롯데월드 무료입장이나 자유이용권 50% 할인, 영화관람 할인서비스를 최근 3개월간의 신용 판매금액(카드론, 현금서비스 제외)이 30만 원 이상인 고객에게만 제한하고 있다. LG카드도 전국 40여 개 제휴 영화관에서 연, 월 횟수의 제한 없이 현장 할인을 시행중인 리치무비 제휴 서비스를 월 2회로 제한했다. 삼성카드는 2004년 10월부터는 최근 6개월간 30만 원 이상을 사용한 고객에게만 놀이공원과 영화관람 할인 서비스를 제공하고 있다. 또 2005년 3월부터는 영화관 CGV에서의 현장 할인을 중단하고 인터넷 예매시 2,500원을 할인해 주던 것을 1,500원으로 대폭 줄였다. 현대카드는 2005년 2월부터 서비스 이용을 위한 최소 사용금액 기준을 전월 10만 원 이상에서 직전 3개월 월 평균 20만 원 이상으로 상향 조정했으며, 프라임 상호저축은행과의 CGV 할인 서비스도 종료했다. 신한카드도 2004년 11월부터 서비스 이용 직전 3개월간의 결제금액이 월 평균 10만 원 이상이 되는 회원에 한해 무료·할인 서비스를 제공하고 있다.

 ## 주거래 카드를 만들어라

앞에서 설명한 것과 같이 신용카드의 각종 부가서비스와 혜택이 카드의 이용실적에 비례해 제공되는 시스템에서 무엇보다 중요한 것은 여러 장의 카드를 분산해 사용함으로써 이용실적을 분산하기보다는 1~2개의 카드를 집중적으로 사용해 이용실적을 높이고 그에 해당하는 혜택들을 돌려받는 것이 효과적이다.

지금 자신의 지갑 속을 점검해 보라. 2~3개 혹은 그 이상의 신용카드가 지갑 속을 빽빽이 채우고 있다면 신용카드를 활용한 재테크에서 그다지 좋은 점수를 받을 수 없다. 신용카드 혜택과 이용실적에 대한 포인트 적립 등을 감안한다면 당연히 카드 매수는 1~2개 정도로 최소화하여 주거래 카드를 중심으로 이용하는 것이 바람직하다. 무조건 많은 카드를 보유하기보다는 꼭 필요한 카드를 집중적으로 사용하여 필요한 혜택을 최대한 누리는 것이 효과적이다.

 ## 내 몸에 맞는 카드를 선택하라

집중적으로 사용할 주거래 카드를 선택할 때는 자신의 라이프 스타일을 고려해 가장 자신의 소비행태에 적합한 서비스를 제공하는 카드를 선택하는 것이 중요하다. 신용카드사마다 제공하는 부가서비스가 다르기 때문에 소비자들은 자신의 소비행태에 알맞은 카드를 선택해 사용하는 것이 한 푼이라도 아낄 수 있는 지름길이다. 따라서 카드별로 제공하는 부가서비스와 우수 고객 특전들을 꼼꼼히 따져 카드를 선택해야 한다. 신용카드사의 홈페이지나 카드 전문 사이트를 찾으면 카드별 부가서비스의 내용이 상세히 나와 있기 때문에 자신에게 맞는 카드를 선택할 수 있다.

영화나 공연 등 문화생활에 지출이 많은 경우라면 문화생활 부분에 많은 할인이나 혜택이 있는 카드를 주거래 카드로 정하면 되고, 여행을 좋아하는 경우라면 여행 관련 서비스가 우수한 카드를 선택하는 것이 좋다. 쇼핑을 좋아한다면 백화점 무이자 할부나 할인 제공이 가능한 카드 등을 선택해 자신의 소비패턴과 카드가 제공하는 혜택부분이 서로 일치하도록 해야 한다. 해외출장이 잦은 사람이라면 항공사 제휴 카드, 자가용을 많이 이용하는 사람은 정유사 제휴 카드, 휴대폰을 자주 사용하는 사람은 PCS 제휴 카드를 사용하는 것이 바람직하다. 일상생활과 밀접한 부가서비스를 받을 수 있는 카드를 자신의 주거래 카드로 만들자.

이렇게 자신의 소비행태에 적합한 카드를 선택해 집중적으로 사용하

게 되면, 카드이용에 따른 포인트 역시 집중적으로 쌓이게 된다. 대부분
의 신용카드사에서는 카드 사용에 따른 포인트를 적립해 주고 있는데,
이 포인트가 쌓이면 이를 통해 다양한 혜택을 누릴 수 있을 뿐 아니라
누적 포인트가 높은 고객은 우수 고객으로 분류되어 일반 고객보다 차
별화된 혜택과 서비스를 제공받게 된다.

 **수수료는 은행계, 부가서비스는 비은행계 카드가 유리하다**

흔히 우리가 사용하는 신용카드는 은행에서 발행하는 은행계 신용카
드(비씨, 비자 등)와 그렇지 않은 비은행계 신용카드(LG, 현대, 삼성, 롯데
등)로 구분된다. 언뜻 보면 별 차이가 없는 것 같지만 수수료 측면을 따
져보면 은행계 카드사들의 수수료율이 비은행계 카드사들에 비해 다소
낮은 것으로 나타난다. 실제로 현금서비스를 자주 이용하는 사람의 경
우 은행계와 비은행계의 수수료 차이는 연간 수십만 원이 날 수 있다.
그러나 이 같은 수수료 이점에 비해 은행계 카드사들의 부가서비스 내
용은 다소 빈약한 것이 사실이다. 다양한 제휴 관계를 통해 풍성한 부가
서비스를 제공하는 비은행계 카드사들은 은행계에 비해 비싼 연회비와
수수료율이 적용된다. 특별한 부가서비스를 사용하지 않고 기본적인 신
용카드 기능만을 이용하는 사용자라면 수수료 측면에서 저렴한 은행계
카드가 유리하고, 각종 부가서비스를 통한 할인 혜택을 자주 활용하는

사용자라면 다소 비싼 연회비와 수수료율을 지불하더라도 그에 부응하는 부가서비스가 제공되는 비은행계 카드사의 신용카드를 이용하는 쪽이 유리하다.

 ## 무이자 할부, 카드사 홈페이지 활용이 기본이다

신용카드사 간 경쟁이 치열해지면서 각종 무이자 할부서비스가 더욱 강화되는 추세이다. 평소 사고 싶은 물건이 있다면 무이자 할부 혜택이 주어지는 시점을 이용하면 할부 수수료 절감의 효과를 볼 수 있다. 또 신용카드사의 홈페이지는 신용카드를 가장 잘 활용하게 하는 정보의 창고이다. 각종 할인행사 및 이벤트 정보를 활용할 수 있고 제휴 가맹점의 할인 쿠폰도 쉽게 만날 수 있다. 신용카드사에서 보내는 각종 안내문도 꼼꼼히 챙겨보자. 안내문 속에 무이자 할부판매나 각종 사은행사 등 경제적인 도움을 주는 서비스 내용이 담겨져 있다. 신용카드사가 제공하는 이 같은 기초적인 서비스만 잘 활용해도 할인이나 수수료 절감의 재테크 효과를 충분히 노릴 수 있다.

 **포인트를 적극 활용하라**

　대부분의 신용카드사는 신용카드를 사용할 때마다 포인트를 적립해 주고 있다. 현재 사용하지 않은 신용카드 포인트만 수천억 원에 달하는 것으로 업계는 추정하고 있다. 그만큼 회원들이 혜택을 누리지 못하고 있는 것이다. 카드마다 활용할 수 있는 포인트를 꼼꼼히 살펴서 잠자는 포인트를 현금처럼 활용해 보면 현금 캐시백, 사은품, 상품권 등 기대 이상의 혜택을 받을 수 있다. 가장 좋은 방법은 주거래 카드를 하나로 지정해 포인트를 집중시키는 것이고, 또 하나는 포인트 파크(www.point park.co.kr) 등과 같은 이른바 포인트 스와핑 사이트를 이용해 내게 불필요한 포인트를 건네주고 필요한 부분의 포인트로 전환해 사용하는 것이다. 각 신용카드사의 적립 포인트의 유효기간은 5년이고, 5년 이후부터는 적립시점에 따라 순차적으로 소멸된다.

 **카드대금 결제는 적극적으로 하라**

　다양한 결제방법 등을 활용하여 카드결제를 적극적으로 함으로써 최대한 연체기록을 남기지 않도록 한다. 결제방법의 활용으로는 선결제와 리볼빙 제도의 활용이 있다. 신용관리에 대한 중요성이 점차 확대되면서 카드 연체로 인한 신용도 하락을 초래하지 않도록 다양한 결제방법

을 활용할 필요가 있다. 그 가운데 하나가 리볼빙 제도이다. 카드사들이 현금서비스를 대폭 축소하면서 리볼빙(Revolving) 결제를 적극적으로 도입하고 있다. 리볼빙 결제는 결제대금을 카드 이용자가 조절해서 납부할 수 있는 제도이다. 부득이하게 많은 돈을 한꺼번에 결제하기 어려운 경우에 자신의 소득 능력에 맞춰 이를 분납하는 것이 좋다. 리볼빙 결제 수수료는 회원의 신용상태에 따라 9~28%까지 다양하지만 여전히 높은 수준이기 때문에 리볼빙 결제를 하기 전에 적절한 규모의 소비를 하는 것이 바람직하다.

또 현금서비스를 이용한 경우, 현금서비스 금리 부담을 줄이려면 선결제를 이용하는 것도 한 가지 방법이다. 언제든지 여유자금이 생기면 지정 결제일까지 수수료를 내는 것이 아니라 선결제 시점까지만 수수료를 내고 현금서비스 내용을 결제하면 되는 것이다.

 **물품구매는 결제일에서 멀게, 현금서비스는 결제일에 가깝게 한다**

결제일을 활용하는 재테크로는 물품구매와 현금서비스의 결제일 시점을 잘 활용하는 것이다. 물품구매의 경우 결제일과 먼 것이 유리하고 현금서비스는 결제일에 가까운 것이 유리하다. 현금서비스는 이용일수에 따라 수수료가 달라지므로 이용일수가 길면 그만큼 높은 수수료가 부과된다. 고객들은 현금서비스를 이용할 때 결제일까지만 돈을 갚으면

된다고 생각하지만 본인이 부담해야 하는 현금서비스 수수료는 결제일
과 관계없이 매일매일 쌓이기 때문에 가능하면 현금서비스 이용일수를
최소화하는 것이 좋다.

 연체보다 현금서비스로 갚는 게 유리하다

　신용카드사의 높은 현금서비스 수수료 때문에 현금서비스는 가능하
면 절제하는 것이 바람직하다. 그러나 카드 결제일에 결제대금을 연체
하게 될 경우 연체보다는 현금서비스를 받아 결제일을 엄수하는 편이
유리하다. 일단 카드대금 연체수수료가 현금서비스 수수료보다 높고,
카드대금 연체의 경우 연체 기록이 남아 신용도에도 부정적인 영향을
미치기 때문에 이 경우 현금서비스를 받아 연체를 막는 것이 급선무이
다. 이렇게 현금서비스로 연체를 피하고 이후 어느 정도 자금의 여유가
생기면 현금서비스 분에 대해 선결제를 하면 높은 수수료 부담도 덜 수
있다.

신용카드 혜택 즐기기

 **놀이공원 활용기**

가족들과 함께 놀이공원을 자주 찾는 소비자라면 삼성카드나 신한카드, 롯데카드를 활용하면 비교적 많은 서비스를 챙길 수 있다. 물론 다른 신용카드사에서도 비슷한 서비스를 제공하고 있으나 할인 폭은 삼성카드와 신한카드, 롯데카드가 가장 큰 편이다.

삼성 T클래스 카드와 신한 F1 카드는 에버랜드, 서울랜드, 롯데월드 등 놀이공원의 자유이용권 구입비를 50% 할인해 주는 혜택이 있다. 캐리비안베이는 30% 할인된다. 4인 가족이 놀이공원 시설을 이용할 경우 부모가 모두 삼성카드를 소지했을 경우 3만 원 가량을 절약할 수 있다. 롯데카드로는 롯데월드를 무료입장하거나 자유이용권을 50% 할인받을 수 있다. 단, 삼성카드의 놀이공원 자유이용권 할인서비스는 카드 사용실적이 직전 3개월간 30만 원 이상이어야 하고, 롯데카드의 롯데월드 무료입장 또는 자유이용권 50% 할인도 직전 3개월간 이용실적이 30만 원 이상이 있을 경우 적용받을 수 있다.

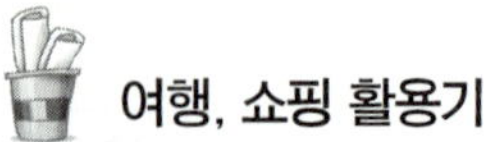 **여행, 쇼핑 활용기**

대부분의 신용카드사들은 국내외 호텔이나 콘도의 할인 예약 혜택을 부여하고 있으며, 항공권 역시 7~9% 할인해 구입할 수 있는 서비스를 제공하고 있다. 그 가운데 눈에 띄는 서비스로는 '삼성 T클래스 카드'가 국내 100여 개 호텔·콘도를 예약할 때 최고 70%까지 할인해 주는 혜택을 제공하고 있고, 롯데 아멕스 카드는 국내 특급호텔의 객실료를 최고 40%까지 할인해 주는 혜택을 제공하고 있다.

백화점 무이자 할부서비스와 할인 혜택 등도 신용카드를 이용해 챙겨야 할 유용한 혜택 가운데 하나이다. 백화점에서는 외환카드, 현대카드, 롯데카드가 유용하다. '외환 예스 4u 카드'는 전국의 백화점 및 주요 할인점에서 2~3개월 무이자 할부를 받을 수 있고, 토요일과 일요일에는 전 가맹점에서 2~3개월의 무이자 할부도 가능하다. 롯데카드와 현대카드는 각각 롯데백화점과 현대백화점에서 물건을 구매할 때 5% 할인 혜택과 3개월의 무이자 할부 혜택을 제공한다.

 **패밀리 레스토랑 활용기**

패밀리 레스토랑들은 신용카드는 물론 이동통신사, 인근 백화점, 할인점과도 제휴해 다양한 할인서비스를 제공한다. T.G.I. 프라이데이스

는 SK 텔레콤 등 이동통신업체 고객 모두에게 20%의 할인 혜택을 제공하며, LG 빅패밀리 카드(20%)와 롯데카드(10%) 등의 카드 고객에게도 할인 혜택을 준다. 아웃백 스테이크하우스는 SK 텔레콤 멤버십 카드, 조흥은행 다음 세이버 카드, LG 빅패밀리 카드 등의 고객에게는 20%, 현대카드M 고객에게는 10% 할인된 가격에 서비스한다. 빕스는 KTF 멤버십 카드를 소지한 고객에게는 20%, 자체 멤버십 회원에게는 10% 할인된 서비스를 제공한다.

 **문화생활 누리기**

영화를 보거나 공연을 관람할 때 신용카드를 이용하면 5~20%까지의 할인 혜택을 받을 수 있다. 이 같은 문화공연 할인 혜택 역시 대부분의 신용카드사가 제공하고 있으나 공연장을 자주 찾는 소비자들에게 특히 유용한 카드로는 '비씨 플래티늄 카드'를 들 수 있다. 이 카드는 예술의 전당 멤버십이 제공되고, 티켓링크를 통해 연극 등 공연 입장권을 구매할 때 5~30%의 할인 혜택이 주어진다.

 **주유소 활용기**

최근의 조사에 따르면 신용카드 혜택 가운데 가장 활용도가 높은 부분이 바로 정유사 제휴인 것으로 나타났다. 신용카드사들이 제공하는 주유 서비스에는 할인과 적립의 두 가지 형태가 있는데, 할인 서비스는 주유 당시 가격을 깎아주는 것이고, 적립 서비스는 포인트를 쌓았다가 나중에 포인트에 해당하는 주유 서비스를 제공하는 것이다.

LG카드의 '빅플러스 카드'는 GS칼텍스에서 l당 80원이 적립되고, '비씨 SK카드'는 SK정유에서 l당 64원이 할인된다. 'KB 스타 카드'는 GS칼텍스에서 주중에는 l당 40원, 일요일에는 l당 60원이 할인된다.

신용카드 세테크 체크 포인트 

연말정산은 직장인들이 단기간에 할 수 있는 최고의 재테크라 할 수 있다. 신용카드의 경우 사용금액에 대한 공제율이 20%에 달하기 때문에 신용카드를 평소 어떻게 사용하느냐에 따라 소득공제액이 크게 달라지기도 한다. 따라서 연말 소득공제에 유리한 카드 활용법을 꼼꼼히 따저가며 사용해야 절세 혜택을 볼 수 있다. 연말정산을 겨냥한 신용카드 세테크 체크 포인트를 정리해 본다.

 ## 신용카드로 의료비를 결제해 이중공제 혜택을 받자

보험료와 다르게 의료비는 의료비 소득공제뿐만 아니라 신용카드 소득공제 대상이기도 하다. 따라서 진료비 등의 의료비는 신용카드로 결제하는 것이 소득공제 혜택을 많이 받을 수 있는 방법이다. 그러나 근로자가 신용카드로 가족을 위한 의료비를 지출할 경우, 의료비 공제를 받으려면 기본공제 대상자를 위해 지출한 비용이어야 하고 기본공제 대상자가 아닌 경우의 지출은 의료비 공제가 안 된다. 라식수술비의 경우 공제대상 의료비에 해당하므로 이중공제 혜택이 가능한데 현금 결제 또는 신용카드 결제와 관계없이 의료비 공제대상에 해당되므로 이를 신용카드로 결제할 경우 신용카드 이중공제 혜택을 받을 수 있다.

 ## 사설학원 수강료는 공제되지만
유치원 및 보육시설 수업료는 제외 대상이다

초 · 중등교육법에 의한 학교나 유아교육법에 의한 유치원 및 영유아

보육법에 의한 보육시설에 납부하는 수업료·입학금 및 보육비용 등은 신용카드 소득공제 배제 대상이다. 그러나 학원의 설립·운영 및 과외 교습에 관한 법률에 따른 사설학원 수강료는 신용카드 소득공제 대상에 해당한다. 단, 체육시설에 해당하는 태권도장 등의 납입금액은 공제 대상이 아니다.

 ## 중고차 구입은 공제 받지만 새차 구입은 제외 대상이다

차량을 구입하면서 신용카드로 결제를 했을 때 중고차 구입에 대해서는 신용카드 소득공제를 받을 수 있지만, 새차를 구입할 경우에는 신용카드 소득공제에서 제외된다.

 ## 근로제공 기간 동안 결제한 카드 사용금액만 공제 대상이다

신용카드 등 사용금액에 대한 소득공제는 근로소득이 있는 거주자가 근로한 기간 중에 사용한 금액에 대해서만 받을 수 있다. 따라서 만약 2004년 1~10월까지 근무하고 퇴직한 근로자의 경우, 퇴직 이후 카드 사용금액이 아무리 많다 하더라도 소득공제 혜택을 받을 수 없다. 실제로 근무한 기간 동안의 카드 사용금액만 소득공제 요건에 해당된다.

 ## 사업상 사용한 카드는 공제받을 수 없다

근로소득이 있는 근로자가 개인사업도 겸하고 있는 경우 사업상 필요해서 쓴 카드에 대해 사업소득상 필요경비로 인정이 되었다면 해당 카드 사용금액도 근로소득에서 공제를 받을 수 없다.

내 포인트 내 맘대로 모으고 바꾸고!

포인트 통합, 교환 사이트 활용하기

신용카드업계는 최근에 포인트 프로그램을 활성화하는 다양한 마케팅을 펼치고 있는데, 일정 기간 동안 더블 포인트 적립을 시행하거나 포인트 사용 회원들을 대상으로 이벤트를 실시하기도 한다. 이와 함께 기존의 제한된 포인트 사용처를 대폭 확대해 포인트 적립과 활용의 활성화를 유도하고 있다. 예를 들면 고속철도 승차권의 구입이 가능해졌고, 인터넷 영화나 게임 같은 온라인 콘텐츠를 이용할 수 있는 곳도 훨씬 많아졌다. 이처럼 포인트를 활용할 수 있는 영역이 넓어짐에 따라 한동안 관심 밖으로 여기던 많은 이용자들이 포인트 활용에 적극적으로 나서고 있다.

포인트 적립제도의 최대 단점은 적립금 액수가 적어 이것이 각각 분산 적립될 경우 구매력 있는 수준의 포인트가 쌓일 때까지 걸리는 시간이나 이용실적의 요구치가 너무 크다는 것이다. 때문에 현실적으로 포인트 적립에 대한 기대를 아예 접어버리는 이용자가 많았던 것도 사실이다. 하지만 흩어진 포인트를 하나로 통합하거나 또는 각기 다른 포인트를 필요한 포인트로 교환해 사용할 수 있는 대안이 등장하면서 포인트 통합이나 교환 사이트가 주목받게 되었다.

대표적인 포인트 통합 사이트에는 앞서 살펴본 SK(주)의 OK 캐시백(www.okcashbag.com)이 있다. OK 캐시백은 방대한 온·오프라인 가맹점은 물론 30여 종 이상의 제휴 신용카드를 통해 이용자가 어디서 무엇을 사용하든 통합적으로 포인트가 적립되는 효과적인 네트워크를 구축하고 있다.

포인트 통합 및 교환 사이트를 이용하면 각종 인터넷 쇼핑몰이나 오프라인 할인점 쇼핑 포인트, 이동통신사 포인트 등 각 제휴 업체들의 포인트를 모두 한데 모아 사용할 수 있다. 이를 이용하기 위해서는 관련 사이트에 회원으로 가입해야 하고, 포인트 전환의 경우 약 10% 안팎의 수수료가 공제되는 것이 일반적이다. 포인트 교환을 위해 회원 가입을 했다면, 자신의 포인트를 조회해 여기저기 흩어져 있는 포인트들을 한곳에 모아주면 된다.

현재 서로 다른 포인트를 통합, 교환할 수 있도록 중개해 주는 포인트 통합, 교환 사이트로는 10여 곳이 있다. 포인트 뱅킹(www.pointbanking.com), 포인트 파크(www.pointpark.com), 팝포인츠(www.poppoint.co.kr), 포인트 박스(www.e-station.com), 마일뱅크(www.milebank.co.kr), 넷포인츠(www. netpoints.co.kr) 등이 바로 그곳이다.

이 같은 포인트 통합, 교환 사이트 가운데 가장 대표적인 곳은 포인트 파크로 마일리지나 포인트를 조회하고 교환할 수 있는 사이트이다. 포인트 파크의 가장 큰 특징은 제휴 업체에서 전환한 마일리지를 다른 제휴 업체의 포인트로 다시 교환할 수 있다는 것이다. 포인트 파크는 단순 통합 포인트제 수준을 넘어 신용카드 사용으로 쌓은 포인트나 이벤트 참여로 얻은 포인트 등을 이 사이트에서 통합해 충전할 수 있다. 충전한 포인트는 원하는 업체의 포인트로 모두 바꾸거나 이동통신 요금으로 사용할 수 있다. 회원사로 등록된 30여 개의 온·오프라인 기업의 포인트를 옮겨와 현금화해 사용하거나 다른 제휴사의 마일리지로 바꿔 쓸 수도 있다. 현재 KTF, KB카드, GS홈쇼핑, 하이텔, 아시아나항공, 현대오일뱅크 등이 회원사로 참여하고 있어 원하는 대로 다양하게 활용할 수 있는 것이 특징이다. 휴대폰 요금, 신용카드 대금, 초고속 인터넷 요금 등을 결제할 수 있는 것은 기본이며 적립한 포인트로 만화, 영화 등을 볼 수도 있다. 또 각종 쿠폰과 상품권을 구매할 수 있고, 즉석 복권을 구입할 수도 있으며 게임을 즐길 수도 있다.

포인트 뱅킹에서는 각종 인터넷 쇼핑몰, 게임, 유료 컨텐츠 사이트와의 포인트 교환은 물론 포인트의 현금화도 할 수 있다. 또 다른 회원사에서 모은 포인트를 포인트 뱅크로 가져올 수 있으며, 여러 경로를 통해 모은 포인트를 다양한 회원사를 통해 편리하게 사용할 수도 있다. 포인트 현금화의 경우 다른 곳에서 모은 포인트를 모두 제휴사인 OK 캐시백으로 송금함으로써 5만 원 이상이 되면 현금화할 수 있는 것이다. 그 밖에 포인트 송금 시스템을 통해 회원 자신의 가족이나 친구에게 포인트를 보낼 수도 있어 한 사람에게 포인트를 몰아줌으로써 효율적인 포인트 사용을 돕고 있다. 포인트 뱅킹에서 사용하는 포인트 단위는 띠앗이다. 1띠앗은 현금 1원과 같다. 포인트는 광고를 보거나 게임을 하거나 복권을 구입하거나 쇼핑을 하거나 전자화폐 등으로 다양하게 충전할 수 있는데 특이하게 문화상품권과 도서상품권을 이용해 포인트를 직접 구입할 수도 있다. 이렇게 쌓아둔 포인트는 생활비 감면 메뉴를 이용하면 모든 휴대폰의 무료통화시간을 충전할 수 있다. SK 텔레콤, KTF, LG 텔레콤 모두 사용할 수 있으며 1분에 150띠앗(150원)을 구입할 수 있다. 주요 제휴사로는 포인트 박스, CJmall, YES24 등이 있다.

　넷포인츠는 다양한 쇼핑몰과의 제휴로 쇼핑을 하고 적립되는 포인트를 손쉽게 모을 수 있는 특징이 있다. 대형 인터넷 쇼핑몰들은 모두 넷포인츠 포인트로 적립이 가능하며, 적립된 포인트들은 두루넷쇼핑몰이나 게임, 휴대폰 벨소리 다운로드, 무료통화 등의 콘텐츠 구입에 사용할 수 있다. 주요 제휴사로는 GS홈쇼핑, CJmall, YES24, 한국HP, 한국도자기, FILA코리아 등이 있다.

　살펴본 것처럼 포인트 교환은 자투리 포인트를 활용해 티끌 모아 태산을 만드는 생활의 지혜라 할 수 있다. 포인트의 통합과 교환을 위해 앞의 사이트를 이용할 때 가능하면 많은 제휴사를 확보하고 있는 사이트를 선택하는 것이 도움이 된다. 마일리지의 통합과 교환은 결국 각기 다른 포인트 업체 간의 상호 교류라는 제휴관계에 의해 이루어지기 때문에 제휴사가 많다는 것은 곧 마일리지를 교환하고 활용할 수 있는 시장이 넓다는 것을 의미하기 때문이다.

　분산되어 있어 사용가치가 떨어지는 포인트를 모아 자신에게 유용한 포인트로 활용하는 부지런함만이 마일리지 재테크의 고수가 되는 첫걸음이 될 것이다.

가림출판사 · 가림M&B · 가림Let's에서 나온 책들

문 학

바늘구멍
켄 폴리트 지음 / 홍영의 옮김 / 신국판 / 342쪽 / 5,300원

레베카의 열쇠
켄 폴리트 지음 / 손연숙 옮김 / 신국판 / 492쪽 / 6,800원

암병선
니시무라 쥬코 지음 / 홍영의 옮김 / 신국판 / 300쪽 / 4,800원

첫키스한 얘기 말해도 될까
김정미 외 7명 지음 / 신국판 / 228쪽 / 4,000원

사미인곡 上·中·下
김충호 지음 / 신국판 / 각 권 5,000원

이내의 끝자리
박수완 스님 지음 / 국판변형 / 132쪽 / 3,000원

너는 왜 나에게 다가서야 했는지
김충호 지음 / 국판변형 / 124쪽 / 3,000원

세계의 명언 편집부 엮음 / 신국판 / 322쪽 / 5,000원

여자가 알아야 할 101가지 지혜
제인 아서 엮음 / 지창국 옮김 / 4×6판 / 132쪽 / 5,000원

현명한 사람이 읽는 지혜로운 이야기
이정민 엮음 / 신국판 / 236쪽 / 6,500원

성공적인 표정이 당신을 바꾼다
마츠오 도오루 지음 / 홍영의 옮김 / 신국판 / 240쪽 / 7,500원

태양의 법
오오카와 류우호오 지음 / 민병수 옮김 / 신국판 / 246쪽 / 8,500원

영원의 법
오오카와 류우호오 지음 / 민병수 옮김 / 신국판 / 240쪽 / 8,000원

석가의 본심
오오카와 류우호오 지음 / 민병수 옮김 / 신국판 / 246쪽 / 10,000원

옛 사람들의 재치와 웃음
강형중·김경익 편저 / 신국판 / 316쪽 / 8,000원

지혜의 쉼터
쇼펜하우어 지음 / 김충호 엮음 / 4×6판 양장본 / 160쪽 / 4,300원

헤세가 너에게
헤르만 헤세 지음 / 홍영의 엮음 / 4×6판 양장본 / 144쪽 / 4,500원

사랑보다 소중한 삶의 의미
크리슈나무르티 지음 / 최윤영 엮음 / 신국판 / 180쪽 / 4,000원

장자-어찌하여 알 속에 털이 있다 하는가
홍영의 엮음 / 4×6판 / 180쪽 / 4,000원

논어-배우고 때로 익히면 즐겁지 아니한가
신도회 엮음 / 4×6판 / 180쪽 / 4,000원

맹자-가까이 있는데 어찌 먼 데서 구하려 하는가
홍영의 엮음 / 4×6판 / 180쪽 / 4,000원

아름다운 세상을 만드는 사랑의 메시지 365
DuMont monte Verlag 엮음 / 정성호 옮김
4×6판 변형 양장본 / 240쪽 / 8,000원

황금의 법
오오카와 류우호오 지음 / 민병수 옮김 / 신국판 / 320쪽 / 12,000원

왜 여자는 바람을 피우는가?
기젤라 룬테 지음 / 김현성·진정미 옮김 / 국판 / 200쪽 / 7,000원

세상에서 가장 아름다운 선물 김인자 지음
엄마가 두 딸에게 주는 인생의 지침서. 같은 여성으로서의 엄마, 친구로서의 엄마, 삶의 등대로서의 엄마가 딸들에게 바라는 점, 두 딸을 키우면서 세운 교육관 등이 솔직하게 담겨 있다. 또한 딸들과 주고받은 편지, 메모는 서로 교감하는 부모와 자녀의 사이를 말해주는 일종의 답안으로 제시되고 있다.
국판변형 / 292쪽 / 9,000원

수능에 꼭 나오는 한국 단편 33 윤종필 엮음
수능 시험에 대비하기 위해 중고등학교 시절에 반드시 읽어두어야 할 한국 문학의 대표적인 단편 33선을 엄선하여 수록. 이 책에 수록된 대표 단편들은 청소년기의 간접 경험을 위한 매체, 세대를 초월하는 교류 수단, 삶의 활력소가 되어 줄 것이다. 또한 수능 및 내신, 논술 대비에 많은 도움을 줄 것이다.
신국판 / 704쪽 / 11,000원

건 강

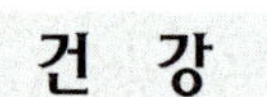

식초건강요법
건강식품연구회 엮음 / 신재용(해성한의원 원장) 감수
가장 쉽게 구할 수 있고 경제적인 식품이면서 상상할 수 없을 정도로 뛰어난 약효를 지닌 식초의 모든 것을 담은 건강지침서!
신국판 / 224쪽 / 6,000원

아름다운 피부미용법 이순희(한독피부미용학원 원장) 지음
피부조직에 대한 기초 이론과 우리 몸의 생리를 알려줌으로써 아름다운 피부, 젊은 피부를 오래 유지할 수 있는 비결 제시!
신국판 / 296쪽 / 6,000원

버섯건강요법 김병각 외 6명 지음
종양 억제율 100%에 가까운 96.7%를 나타내는 기적의 약용버섯 등 신비의 버섯을 통하여 암을 치료하고 비만, 당뇨, 고혈압, 동맥경화 등 각종 성인병 예방을 위한 생활 건강 지침서!
신국판 / 286쪽 / 8,000원

성인병과 암을 정복하는 유기게르마늄
이상현 편저 / 쿄오 샤오이 감수
최근 들어 각광을 받고 있는 새로운 치료제인 유기게르마늄을 통한 성인병, 각종 암의 치료에 대해 상세히 소개.
신국판 / 312쪽 / 9,000원

난치성 피부병 생약효소연구원 지음
현대의학으로도 치유불가능했던 난치성 피부병인 건선·아토피(태열)의 완치요법이 수록된 건강 지침서.
신국판 / 232쪽 / 7,500원

新 방약합편 정도명 편역
자신의 병을 알고 증세에 맞춰 스스로 처방을 할 수 있고 조제할 수 있는 보약 506가지 수록.   신국판 / 416쪽 / 15,000원

자연치료의학 오홍근(신경정신과 의학박사·자연의학박사) 지음
대한민국 최초의 자연의학박사가 밝힌 신비의 자연치료의학으로 자연산물을 이용하여 부작용 없이 치료하는 건강 생활 비법 공개!!   신국판 / 472쪽 / 15,000원

약초의 활용과 가정한방 이인성 지음
주변의 흔한 식물과 약초를 활용하여 각종 질병을 간편하게 예방·치료할 수 있는 비법제시.   신국판 / 384쪽 / 8,500원

역전의학 이시하라 유미 지음 / 유태종 감수
일반상식으로 알고 있는 건강상식에 대해 전혀 새로운 관점에서 비판하고 아울러 새로운 방법들을 제시한 건강 혁명 서적!!
신국판 / 286쪽 / 8,500원

이순희식 순수피부미용법 이순희(한독피부미용학원 원장) 지음
자신의 피부에 맞는 관리법으로 스스로 피부관리를 할 수 있는 방법을 제시하고 책 속 부록으로 천연팩 재료 사전과 피부 타입

별 팩 고르기. 신국판 / 304쪽 / 7,000원

21세기 당뇨병 예방과 치료법 이현철(연세대 의대 내과 교수) 지음
세계 최초 유전자 치료법을 개발한 저자가 당뇨병과 대항하여
가장 확실하게 이길 수 있는 당뇨병에 대한 올바른 이론과 발병
시 대처 방법을 상세히 수록! 신국판 / 360쪽 / 9,500원

신재용의 민의학 동의보감 신재용(해성한의원 원장) 지음
주변의 흔한 먹거리를 이용해 신비의 명약이나 보약으로 활용할
수 있는 건강 지침서로서 저자가 TV나 라디오에서 다 밝히지 못
한 한방 및 민간요법까지 상세히 수록!! 신국판 / 476쪽 / 10,000원

치매 알면 치매 이긴다 배오성(백상한방병원 원장) 지음
B.O.S.요법으로 뇌세포의 기능을 활성화시키고 엔돌핀의 분비
효과를 극대화시켜 증상에 맞는 한약 처방을 병행하여 치매를
치유하는 획기적인 치유법 제시. 신국판 / 312쪽 / 10,000원

21세기 건강혁명 밥상 위의 보약 생식 최경순 지음
항암식품으로, 다이어트식으로, 젊고 탄력적인 피부를 유지할
수 있게 해주는 자연식으로의 생식을 소개하여 현대인들의 건강
길라잡이가 되도록 하였다. 신국판 / 348쪽 / 9,800원

기치유와 기공수련 윤한흥(기치유 연구회 회장) 지음
누구나 노력만 하면 개발할 수 있고 활용할 수 있는 기 수련 방
법과 기치유 개발 방법 소개. 신국판 / 340쪽 / 12,000원

만병의 근원 스트레스 원인과 퇴치 김지혁(김지혁한의원 원장) 지음
만병의 근원인 스트레스를 속속들이 파헤치고 예방법까지 속시
원하게 제시!! 신국판 / 324쪽 / 9,500원

김종성 박사의 뇌졸중 119 김종성 지음
우리나라 사망원인 1위. 뇌졸중 분야의 최고 권위자인 저자가
일상생활에서의 건강관리부터 환자간호에 이르기까지 뇌졸중의
예방, 치료법 등 모든 것 수록. 신국판 / 356쪽 / 12,000원

탈모 예방과 모발 클리닉 장정훈 · 전재홍 지음
미용적인 측면과 우리가 일상적으로 고민하고 궁금해 하는 털에
관한 내용들을 다양하고 재미있게 예들을 들어가면서 흥미롭게
풀어간 것이 이 책의 특징. 신국판 / 252쪽 / 8,000원

구태규의 100% 성공 다이어트 구태규 지음
하이틴 영화배우의 다이어트 체험서. 저자만의 다이어트법을 제
시하면서 바람직한 다이어트에 대해서도 알려준다. 건강하게 날
씬해지고 싶은 사람들을 위한 필독서!
4×6배판 변형 / 240쪽 / 9,900원

암 예방과 치료법 이춘기 지음
암환자와 가족들을 위해서 암의 치료방법에서부터 합병증의 예
방 및 암이 생기기 전에 알 수 있는 방법에 이르기까지 상세하게
해설해 놓은 책. 신국판 / 296쪽 / 11,000원

알기 쉬운 위장병 예방과 치료법 민영일 지음
소화기관인 위와 관련 기관들의 여러 질환을 발병 원인, 증상,
치료법을 중심으로 알기 쉽게 해설해 놓은 건강서.
신국판 / 328쪽 / 9,900원

이온 체내혁명 노보루 야마노이 지음 / 김병관 옮김
새로운 건강관리 이론으로 주목을 받고 있는 음이온을 통해 건
강을 돌볼 수 있는 방법 제시. 신국판 / 272쪽 / 9,500원

어혈과 사혈요법 정지천 지음
침과 부항요법 등을 사용하여 모든 질병을 다스릴 수 방법과 우
리 주변에서 흔하게 접할 수 있는 각 질병의 상황별 처치를 혈
자리 그림과 함께 해설. 신국판 / 308쪽 / 12,000원

약손 경락마사지로 건강미인 만들기 고정환 지음
경락과 민족 고유의 정신 약손을 결합시킨 약손 성형경락 마사
지로 수술하지 않고도 자신이 원하는 부위를 고치는 방법을 제
시하는 건강 미용서. 4×6배판 변형 / 284쪽 / 15,000원

정유정의 LOVE DIET 정유정 지음
널리 알려진 온갖 다이어트 방법으로 살을 빼려고 노력했던 저
자의 고통스러웠던 다이어트 체험담이 실려 있어 지금 살 때문
에 고민하는 사람들이 가슴에 와 닿는 나만의 다이어트 계획을
나름대로 세울 수 있을 것이다. 4×6배판 변형 / 196쪽 / 10,500원

머리에서 발끝까지 예뻐지는 부분다이어트 신상만 · 김선민 지음

한약을 먹거나 침을 맞아 살을 빼는 방법, 아로마요법을 이용한
다이어트법, 운동을 이용한 부분비만 해소법 등이 실려 있으므
로 나에게 맞는 방법을 선택해 날씬하고 예쁜 몸매를 만들 수 있
을 것이다. 4×6배판 변형 / 196쪽 / 11,000원

알기 쉬운 심장병 119 박승정 지음
심장병에 관해 심장질환이 생기는 원인, 증상, 치료법을 중심으
로 내용을 상세하게 해설해 놓은 건강서. 신국판 / 248쪽 / 9,000원

알기 쉬운 고혈압 119 이정균 지음
생활 속의 고혈압에 관해 일반인들이 관심을 가지고 예방할 수
있도록 고혈압의 원인, 증상, 합병증 등을 상세하게 해설해 놓
은 건강서. 신국판 / 304쪽 / 10,000원

여성을 위한 부인과질환의 예방과 치료 차선희 지음
남들에게는 말할 수 없는 증상들로 고민하고 있는 여성들을 위
해 부인암, 골다공증, 빈혈 등 부인과질환을 원인 및 치료방법을
중심으로 설명한 여성건강 정보서. 신국판 / 304쪽 / 10,000원

알기 쉬운 아토피 119 이승규 · 임승엽 · 김문호 · 안유일 지음
감기처럼 흔하지만 암만큼 무서운 아토피 피부염의 원인에서부
터 증상, 치료방법, 임상사례, 민간요법을 적용한 환자들의 경험
담 등 수록. 신국판 / 232쪽 / 9,500원

120세에 도전한다 이권행 지음
아프지 않고 건강하게 오래 살기를 바라는 현대인들에게 우리
체질에 맞는 식생활습관, 심신 활동, 생활습관, 체질별 · 나이별
양생법을 소개. 장수하고픈 독자들의 궁금증을 풀어줄 것이다.
신국판 / 308쪽 / 11,000원

건강과 아름다움을 만드는 요가 정판식 지음
책을 보고서 집에서 혼자서도 할 수 있는 요가법 수록. 각종 질
병에 따른 요가 수정체조법도 담았으며, 별책 부록으로 한눈에
보는 요가 차트 수록. 4×6배판 변형 / 224쪽 / 14,000원

우리 아이 건강하고 아름다운 롱다리 만들기 김성훈 지음
키 작은 우리 아이를 롱다리로 만드는 비법공개. 식사습관과 생
활습관만의 변화로도 키를 크게 할 수 있으므로 키 작은 자녀를
둔 부모의 고민을 해결해 준다. 대국전판 / 236쪽 / 10,500원

알기 쉬운 허리디스크 예방과 치료 이종서 지음
전문가들의 의견, 허리병의 치료에서 가장 중요한 운동치료, 허
리디스크와 요통에 관해 언론에서 잘못 소개한 기사나 과장 보
도한 기사, 대상이 광범위함으로써 생기고 있는 사이비 의술 및
상업적인 의술을 시행하는 상업적인 병원 등을 소개함으로써 허
리병을 앓고 있는 사람들에게 정확하고 올바른 지식을 전달하고
자 하는 길라잡이서. 대국전판 / 336쪽 / 12,000원

소아과 전문의에게 듣는 알기 쉬운 소아과 119
신영규 · 이강우 · 최성항 지음
새내기 엄마, 아빠를 위해 올바른 육아법을 제시하고 각종 질병
에 대한 치료법 및 예방법, 응급처치법을 소개.
4×6배판 변형 / 280쪽 / 14,000원

피가 맑아야 건강하게 오래 살 수 있다 김영찬 지음
현대인이 앓고 있는 고혈압, 당뇨병, 심장병 등은 피가 끈적거리
고 혈관이 너덜거려서 생기는 질병이다. 이러한 성인병을 치료
하려면 식이요법, 생활습관 개선 등을 통해 피를 맑게 해야 한
다. 이 책에서는 피를 맑게 하기 위해 필요한 처방, 생활습관 개
선법을 한의학적 관점에서 상세하게 설명하고 있다.
신국판 / 256쪽 / 10,000원

웰빙형 피부 미인을 만드는 나만의 셀프 피부건강 양해원 지음
모든 사람들이 관심 있어 하는 피부 관리를 집에서 할 수 있게
해주는 실용서. 집에서 간단하게 만들 수 있는 화장수, 팩 등을
소개하여 손안의 미용서 역할을 하고 있다.
대국전판 / 144쪽 / 10,000원

내 몸을 살리는 생활 속의 웰빙 항암 식품 이승남 지음
암=사형 선고라는 고정 관념을 깨자는 전제 아래 우리 밥상에
서 흔히 볼 수 있는 먹거리로 암을 예방하며 치료하는 방법 소
개. 암환자와 그 가족들에게 희망을 안겨 줄 것이다.
대국전판 / 248쪽 / 9,800원

마음한글, 느낌한글 박완식 지음

훈민정음의 창제원리를 이용한 한글명상, 한글요가, 한글체조로 지금까지의 요가나 명상과는 차원이 다른 더욱 더 효과적인 수련으로 이제 당신 앞에 새로운 세계가 펼쳐진다.
4×6배판 / 300쪽 / 15,000원

웰빙 동의보감식 발마사지 10분 최미회 지음, 신재용 감수
발이 병나면 몸에도 병이 생긴다. 우리 몸 중에서 가장 천대받으면서도 가장 많은 일을 하는 발을 새롭게 인식하는 추세에 맞추어 발을 가꾸어 건강을 지키는 방법 제시. 각 질병별 발마사지 방법, 부위를 구체적으로 설명하고 있다. 텔레비전을 보면서 하는 15분의 발마사지가 피로를 풀어주고 건강을 지켜줄 것이다.
4×6배판 변형 / 204쪽 / 13,000원

아름다운 몸, 건강한 몸을 위한 목욕 건강 30분 임하성 지음
우리가 흔히 대수롭지 않게 여기고 하는 습관 중에 하나가 목욕일 것이다. 그러나 이제 목욕도 건강과 관련시켜 올바른 방법으로 해야 한다. 웰빙 시대, 웰빙 라이프에 맞는 올바른 목욕법을 피부 관리 및 우리들의 생활 패턴에 맞추어 제시해 본다.
대국전판 / 176쪽 / 9,500원

내가 만드는 한방생주스 60 김영섭 지음
일반적인 과일·야채 주스에 21가지 한약재로 기본 음료를 만들어 맛과 영양을 고루 갖춘 최초의 웰빙 한방 건강음료 만드는 법 60가지 수록!! 각 음료마다 만드는 법과 효능을 실어 우리 가족 건강을 지키는 건강지침서의 역할을 한다.
국판 / 112쪽 / 7,000원

몸을 살리는 건강식품 백은희·조창호·최양진 지음
스트레스에 시달리는 현대인들에게 자연 영양소를 공급해 주는 건강기능식품에 관한 상세한 정보를 담고 있다. 나에게 필요한 영양소는 어떤 것이 있으며, 어떻게 섭취했을 때 가장 큰 효과를 얻을 수 있는 지 등을 조목조목 설명해 놓은 것이 눈에 띈다.
신국판 / 384쪽 / 11,000원

건강도 키우고 성적도 올리는 자녀 건강 김진돈 지음
자녀를 둔 부모라면 가장 먼저 생각하는 것이 자녀의 건강일 것이다. 특히 수험생을 둔 부모라면 그 관심은 말로 단정지을 수 없다. 수험생 자신이나 부모가 알아야 한 평소 건강 관리법, 제일 이겨내기 힘든 계절인 여름철 건강 관리법, 조심해야 할 질병들에 대해 예방법, 치료법을 상세하게 소개하고 있다.
신국판 / 304쪽 / 12,000원

알기 쉬운 간질환 119 이관식 지음
간염이 있는 사람이 술잔을 돌릴 경우 간염이 전염될까? 우리는 간이 소중한 존재임을 알면서도 혹사시키는 일이 많다. 간염 전염 및 간경화, 간암 등에 대한 잘못된 지식을 제대로 잡아주고 간과 관련된 병을 예방하는 법, 병에 걸렸을 때 치료하고 관리하는 법 등을 상세히 수록하여 간을 건강하게 지킬 수 있도록 해준다. 신국판 / 264쪽 / 11,000원

밥으로 병을 고친다 허봉수 지음
우리가 하루 세 끼 식사에서 대하는 밥상이 우리의 건강을 지켜주는 최고의 건강지킴이다. 이 간단 명료한 진리를 알면서도 우리는 다른 방법으로 건강을 지키려고 한다. 건강을 지키는 일은 어렵고 특별한 일이 아니라 보통의 밥상에서 지킬 수 있는 일임을 강조하고 거기에 맞는 실제 사례를 제시하여 비슷한 사례에서 응용할 수 있게 내용을 구성하고 있다.
대국전판 / 352쪽 / 13,500원

알기 쉬운 신장병 119 김형규 지음
신장병은 특별한 증상이 없어 조기진단이 힘들다고 한다. 그러나 진단과 치료의 혜택으로 완치를 할 수 있는 병이라고도 한다. 일상생활 속에서 신장병을 파악할 수 있는 자가진단법, 신장병을 검사하고 치료하는 방법, 신장병과 관련 있는 질병들을 일반인들이 이해하기 수준에서 설명하고 있다. 또한 신장병과 관련 있는 생활 속의 정보를 부록으로 수록하여 내용의 깊이를 더해 주고 있다. 신국판 / 240쪽 / 10,000원

마음의 감기 치료법 우울증 119 이민수 지음
우울증에는 예외의 대상이 없다. 현대인이라면 누구나 우울증에 걸릴 수 있다는 전제 아래 일반인들이 쉽게 이해할 수 있는 우울증을 담고 있다. 남에게, 가족에게 숨겨야 하는 몹쓸 병이 아니라 바르고 정확하게 알아야 건강한 삶을 누릴 수 있는 병임을 알리면서 우울증을 치료하는 법, 환자 본인과 가족 및 주위에서 가져야 할 자세 등을 알려준다.
대국전판 / 232쪽 / 9,800원

관절염 119 송영욱 지음
"비가 오려나? 왜 이리 무릎이 쑤시나." 이렇게 표현되는 관절염에는 일반인들이 잘 알지 못하는 다른 종류의 관절염도 있다. 이러한 관절염을 일반인들의 입장에서 쉽게 이해하고 예방하고 치료할 수 있는 방법을 소개하고 있다. 생활 속에서의 습관을 고치고 운동을 통해서 허리나 다리가 아픈 통증에서 벗어날 수 있다. 대국전판 / 224쪽 / 9,800원

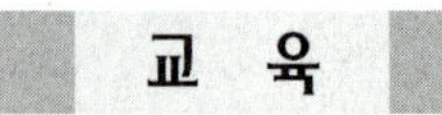

우리 교육의 창조적 백색혁명
원상기 지음 / 신국판 / 206쪽 / 6,000원

현대생활과 체육
조창남 외 5명 공저 / 신국판 / 340쪽 / 10,000원

퍼펙트 MBA IAE유학네트 지음 / 신국판 / 400쪽 / 12,000원

유학길라잡이 Ⅰ-미국편
IAE유학네트 지음 / 4×6배판 / 372쪽 / 13,900원

유학길라잡이 Ⅱ- 4개국편
IAE유학네트 지음 / 4×6배판 / 348쪽 / 13,900원

조기유학길라잡이.com
IAE유학네트 지음 / 4×6배판 / 428쪽 / 15,000원

현대인의 건강생활
박상호 외 5명 공저 / 4×6배판 / 268쪽 / 15,000원

천재아이로 키우는 두뇌훈련
나카마츠 요시로 지음 / 민병수 옮김
머리가 좋은 아이로 키우기 위한 환경 만들기, 식사, 운동 등 연령별 두뇌 훈련법 소개. 국판 / 288쪽 / 9,500원

두뇌혁명 나카마츠 요시로 지음 / 민병수 옮김
『뇌내혁명』 하루야마 시게오의 추천작!! 어른들을 위한 두뇌 개발서로, 풍요로운 인생을 만들기 위한 '뇌' 와 '몸' 자극법 제시.
4×6판 양장본 / 288쪽 / 12,000원

테마별 고사성어로 익히는 한자
김경익 지음 / 4×6배판 변형 / 248쪽 / 9,800원

生생 공부비법 이은승 지음
국내 최초 수학과외 수출의 주인공 이은승이 개발한 자기만의 맞춤식 공부학습법 소개. 공부도 하는 법을 알면 목표를 달성할 수 있다고 용기를 북돋우어 주는 실전 공부 비법서.
대국전판 / 272쪽 / 9,500원

자녀를 성공시키는 습관만들기 배은경 지음
성공하는 자녀를 꿈꾸는 부모들이 알아야 할 자녀 교육법 소개. 부모는 자녀 인생의 주연이 아님을 알아야 하며 부모의 좋은 습관, 건전한 생각이 자녀의 성공 인생을 가져온다는 내용을 담은 부모 및 자녀 모두를 위한 자기 계발서.
대국전판 / 232쪽 / 9,500원

한자능력검정시험 1급 한자능력검정시험연구위원회 편저
한자능력검정시험의 최상급인 1급 대비서. 2~8급 배정한자(2355자)를 포함하는 1급 배정한자 3500자에 관한 유래, 활용예, 사자성어, 예상문제 등을 완벽 수록하여 시험에 만전을 기할 수 있게 하였다. 또한 쓰기 배정한자 2005자에 대한 부록도 수록하여 읽기와 쓰기 한자 익힘이 완벽하게 이루어지도록 하였다. 4×6배판 / 568쪽 / 21,000원

한자능력검정시험 2급 한자능력검정시험연구위원회 편저
국어사전식 단어 배열, 내용을 쉽게 이해할 수 있도록 도와 주는 일러스트, 기출 문제의 완전 분석을 바탕으로 한 예상 문제 수록 등 한자능력검정시험 2급을 준비하는 사람들을 위한 완벽 대비서. 4×6배판 / 472쪽 / 18,000원

한자능력검정시험 3급(3급II) 한자능력검정시험연구위원회 편저
4급 한자를 포함한 3급·3급II 배정한자 1817자 각 한자에 대한
어원 및 실용 사례를 수록하였다. 각 한자의 배열은 가, 나, 다…
의 국어사전식 배열을 채택하여 음만 알아도 한자를 쉽게 찾을
수 있게 하였다. 또한 한자의 이해를 돕는 일러스트, 3급·3급II
한자를 포함한 실생활에 응용할 수 있는 생활 한자 코너를 배정
하여 학습의 깊이를 더해주고 있다. 끝으로 기출문제 분석에 맞
춘 예상문제와 쓰기 배정 한자를 실어 3급·3급II 한자 학습을
완전하게 익힐 수 있게 하였다.　4×6배판 / 440쪽 / 17,000원

한자능력검정시험 4급(4급II) 한자능력검정시험연구위원회 편저
국어사전식 단어 배열, 4급 한자 1000자 필순 수록, 생활에서
활용할 수 있는 활용 한자 요점정리, 생활 속에서 자주 쓰이는
약자, 한자의 이해를 돕기 위한 일러스트와 유래 설명, 4급 한자
1000자를 응용한 한자 심화 학습, 기출 문제를 완전 분석한 후
그에 따라 엄선한 예상문제 수록 등 4급 한자 익히기와 시험에
대비하는 모든 사람들을 위한 완벽 대비서.
4×6배판 / 352쪽 / 15,000원

한자능력검정시험 5급 한자능력검정시험연구위원회 편저
국어사전식 단어 배열, 5급 한자 500자 따라 쓰기, 생활에서 활
용할 수 있는 활용 한자 요점정리, 생활 속에서 자주 쓰이는 약
자, 한자의 이해를 돕기 위한 일러스트와 유래 설명, 기출 문제
를 완전 분석한 후 그에 따라 엄선한 예상문제 수록 등 5급 한자
익히기와 시험에 대비하는 모든 사람들을 위한 완벽 대비서.
4×6배판 / 264쪽 / 11,000원

한자능력검정시험 6급 한자능력검정시험연구위원회 편저
국어사전식 단어 배열, 6급 한자 300자 따라 쓰기, 생활에서 활
용할 수 있는 활용 한자 요점정리, 한자의 이해를 돕기 위한 일
러스트와 유래 설명, 기출 문제를 완전 분석한 후 그에 따라 엄
선한 예상문제 수록 등 6급 한자 익히기와 시험에 대비하는 모
든 사람들을 위한 완벽 대비서.　4×6배판 / 168쪽 / 8,500원

한자능력검정시험 7급 한자능력검정시험연구위원회 편저
국어사전식 단어 배열, 각 한자 배우기에 도움이 되는 일러스트
를 곁들이고 한자의 구성 원리를 설명해 놓아 한자 배우기가 재
미있고 쉽다. 또한 따라쓰기를 통해 한자 익히기를 완전하게 끝
낼 수 있도록 하였으며 활용 예문을 다양하게 예시해 놓았다.
4×6배판 / 152쪽 / 7,000원

한자능력검정시험 8급 한자능력검정시험연구위원회 편저
8급 한자 50자에 대해 각 한자 배우기에 도움이 되는 일러스트
를 곁들이고 한자의 구성 원리를 설명해 놓아 한자 배우기가 재
미있고 쉽다. 또한 따라쓰기를 통해 기본 한자 익히기를 완전하
게 끝낼 수 있도록 하였으며 기본 50개의 한자를 활용한 예문을
다양하게 예시해 놓았다.　4×6배판 / 112쪽 / 6,000원

취미 · 실용

김진국과 같이 배우는 와인의 세계 김진국 지음
포도주 역사에서 분류, 원료 포도의 종류와 재배, 양조·숙성·
저장, 시음법, 어울리는 요리와 와인의 유통과 소비, 와인 시장
의 현황과 전망, 와인 판매 요령, 와인의 보관과 재고의 회전,
'와인 양조 비밀의 모든 것'을 동영상으로 담은 CD까지, 와인의
모든 것이 담긴 종합학습서.
국배판 변형양장본(올 컬러판) / 208쪽 / 30,000원

경제 · 경영

CEO가 될 수 있는 성공법칙 101가지
김승룡 편역 / 신국판 / 320쪽 / 9,500원

정보소프트 김승룡 지음 / 신국판 / 324쪽 / 6,000원

기획대사전 다카하시 겐코 지음 / 홍영의 옮김
기획에 관련된 모든 사항을 실례와 도표를 통하여 초보자에서
프로기획맨에 이르기까지 효율적으로 활용할 수 있도록 체계적

으로 총망라하였다.　신국판 / 552쪽 / 19,500원

맨손창업 · 맞춤창업 BEST 74 양혜숙 지음
창업대행 현장 전문가가 추천하는 유망업종을 7가지 주제별로
나누어 수록한 맞춤창업서로 창업예비자들에게 창업의 길을 밝
혀줄 발로 뛰면서 만든 실무 지침서!!　신국판 / 416쪽 / 12,000원

무자본, 무점포 창업! FAX 한 대면 성공한다
다카시로 고시 지음 / 홍영의 옮김 / 신국판 / 226쪽 / 7,500원

성공하는 기업의 인간경영 중소기업 노무 연구회 편저 / 홍영의 옮김
무한경쟁시대에서 각 기업들의 다양한 경영 실태 속에서 인사·
노무 관리 개선에 있어서 기업의 효율을 높이고 발전을 이룰 수
있는 원칙을 제시.　신국판 / 368쪽 / 11,000원

21세기 IT가 세계를 지배한다 김광희 지음
21세기 화두로 떠오른 IT혁명의 경쟁력에 대해서 전문가의 논리
적이고 철저한 해설과 더불어 매장 끝까지 실제 사례를 곁들여
설명.　신국판 / 380쪽 / 12,000원

경제기사로 부자아빠 만들기 김기태·신현태·박근수 공저
날마다 배달되는 경제기사를 꼼꼼히 챙겨보는 사람만이 현대생
활에서 부자가 될 수 있다. 언론인의 현장감각과 학자의 전문성
을 접목시킨 것이 이 책의 특성! 누구나 이 책을 읽고 경제원리
를 체득, 경제예측을 할 수 있게 준비된 생활경제서적.
신국판 / 388쪽 / 12,000원

포스트 PC의 주역 정보가전과 무선인터넷 김광희 지음
포스트 PC의 주역으로 급부상하고 있는 정보가전과 무선인터넷
그리고 이를 구현하기 위한 관련 테크놀러지를 체계적으로 소
개.　신국판 / 356쪽 / 12,000원

성공하는 사람들의 마케팅 바이블 채수명 지음
최근의 이론을 보완하여 내놓은 마케팅 관련 실무서. 마케팅의
정보전략, 핵심요소, 컨설팅실무까지 저자의 노하우와 창의적인
이론이 결합된 마케팅서.　신국판 / 328쪽 / 12,000원

느린 비즈니스로 돌아가라
사카모토 게이이치 지음 / 정성호 옮김
미국식 스피드 경영에 익숙해져 현실의 오류를 간과하고 있는
사람들을 위한 어떻게 팔 것인가보다 무엇을 팔 것인가를 설명
하는 마케팅 컨설턴트의 대안 제시서!　신국판 / 276쪽 / 9,000원

적은 돈으로 큰돈 벌 수 있는 부동산 재테크 이원재 지음
700만 원으로 부동산 재테크에 뛰어들어 100배 불린 저자가 부
동산 재테크를 계획하고 있는 사람들이 반드시 알아두어야 할
내용을 경험담을 담아 해설해 놓은 경제서.
신국판 / 340쪽 / 12,000원

바이오혁명 이주영 지음
21세기 국가간 경쟁부문으로 새로이 떠오르고 있는 바이오혁명
에 관한 기초지식을 언론사에 몸담고 있는 현직 기자가 아주 쉽
게 해설해 놓은 바이오 가이드서. 바이오 관련 용어 해설 수록.
신국판 / 328쪽 / 12,000원

성공하는 사람들의 자기혁신 경영기술 채수명 지음
자기 계발을 통한 신지식 자기경영마인드를 갖추어야 한다는 전
제 아래 그 방법을 자세하게 알려주는 자기계발 지침서.
신국판 / 344쪽 / 12,000원

CFO 교텐 토요오·타하라 오키시 지음 / 민병수 옮김
일반인들에게 생소한 용어인 CFO, 즉 최고 재무책임자의 역할
이 지금까지와는 완전히 달라져야 한다. 기업을 이끌어가는 새
로운 키잡이로서의 CFO의 역할, 위상 등을 일본의 기업을 중심
으로 하여 알아보고 바람직한 방향을 제시한다.
신국판 / 312쪽 / 12,000원

네트워크시대 네트워크마케팅 임동학 지음
학력, 사회적 지위 등에 관계 없이 자신이 노력한 만큼 돈을 벌
수 있는 네트워크마케팅에 관해 알려주는 안내서.
신국판 / 376쪽 / 12,000원

성공리더의 7가지 조건
다이앤 트레이시·윌리엄 모건 지음 / 지창영 옮김
개인과 팀, 조직관계의 개선을 위한 방향제시 및 실천을 위한 안

내자 역할을 해주는 책. 현장에서 활용할 수 있는 실용서.
신국판 / 360쪽 / 13,000원

김종결의 성공창업 김종결 지음
누구나 창업을 할 수는 있지만 아무나 돈을 버는 것은 아니다라
는 전제 아래 중견 연기자로서, 음식점 사장님으로 성공한 탤런
트 김종결의 성공비결을 통해 창업전략과 성공전략을 제시한다.
신국판 / 340쪽 / 12,000원

최적의 타이밍에 내 집 마련하는 기술 이원재 지음
부동산을 통한 재테크의 첫걸음 '내 집 마련'의 결정판. 체계적
이고 한눈에 쏙 들어 오는 '내 집 장만 과정'을 쉽게 풀어놓은
부동산재테크서. 신국판 / 248쪽 / 10,500원

컨설팅 세일즈 *Consulting sales* 임동학 지음
발로 뛰는 영업이 아니라 머리로 하는 영업이 절실히 요구되는
시대 상황에 맞추어 고객지향의 세일즈, 과제해결 세일즈, 구매
자와 공급자 간에 서로 만족하는 세일즈법 제시.
대국전판 / 336쪽 / 13,000원

연봉 10억 만들기 김농주 지음
연봉으로 말해지는 임금을 재테크 하여 부자가 될 수 있는 방법
제시. 고액의 연봉을 받기 위해서 개인이 갖추어야 할 실무적 능
력, 태도, 마음가짐, 재테크 수단 등을 각 주제에 따라 구체적으
로 제시함으로써 부자를 꿈꾸는 사람들이 그 희망을 이룰 수 있
게 해준다. 국판 / 216쪽 / 10,000원

주5일제 근무에 따른 한국형 주말창업 최효진 지음
우리나라 실정에 맞는 주말창업 아이템의 제시 및 창업시 필요
한 정보를 얻을 수 있는 곳, 주의해야 할 점, 실전 인터넷 쇼핑몰
창업, 표준사업계획서 등을 수록하여 지금 당장이라도 내 사업
을 할 수 있게 해주는 창업 길라잡이서.
신국판 변형 양장본 / 216쪽 / 10,000원

돈 되는 땅 돈 안되는 땅 김영준 지음
부동산 틈새시장에서 성공하는 투자 노하우를 신행정수도 예정
지 및 고속철도 역세권 등 투자 유망지역을 중심으로 완벽하게
수록해 놓은 부동산 재테크서. 신국판 / 320쪽 / 13,000원

돈 버는 회사로 만들 수 있는 109가지
다카하시 도시노리 지음 / 민병수 옮김
회사경영에서 경영자가 꼭 알아야 할 기본 사항 수록. 내용이 항
목별로 정리되어 있어 원하는 자료를 바로 찾아 볼 수 있는 것이
최대의 장점. 이 책을 통해서 불필요한 군살을 빼고 강한 근육질
을 가진 돈 버는 회사를 만들어 보자. 신국판 / 344쪽 / 13,000원

프로는 디테일에 강하다 김미현 지음
탄탄하게 자리를 잡은 15군데 중소기업의 여성 CEO들이 회사
를 운영하면서 겪은 어려움, 기쁨 등을 자서전 형식을 빌어 솔직
담백하게 얘기했다. 예비 창업자들을 위한 조언, 경영 철학, 성
공 요인도 담고 있어 창업을 준비하는 사람들에게 도움이 될 것
이다. 신국판 / 248쪽 / 9,000원

머니투데이 송복규 기자의 부동산으로 주머니돈 100배 만들기 송복규 지음
재테크 수단으로 새롭게 각광 받고 있는 부동산을 이용한 재산
증식 방법 수록. 부동산 재료별 특성에 따른 맞춤 투자전략을 제
시하고 알아두면 편리한 부동산 상식도 알려준다. 현직 전문 기
자의 예리한 분석과 최신 정보가 담겨 있는 부동산재테크 가이
드서. 신국판 / 328쪽 / 13,000원

성공하는 슈퍼마켓&편의점 창업 나명환 지음
슈퍼마켓이나 편의점을 창업하려고 하는 사람들을 위한 창업 가
이드서. 어느 위치에 얼마만한 크기로, 어떤 상품을 갖추고 어떤
마인드로 창업하고 영업해야 대형할인점과의 경쟁에서 살아남
을 수 있는지 등을 저자의 실제 경험과 통계, 전문가들의 의견을
바탕으로 상세하게 소개. 4×6배판 변형 / 500쪽 / 28,000원

대한민국 성공 재테크 부동산 펀드와 리츠로 승부하라 김영준 지음
새로운 재테크 수단으로 세간의 관심을 모으고 있는 부동산 펀
드와 리츠에 관한 투자 안내서. 리스크 없이 투자에 성공하기 위
해서 알아두어야 할 주의사항, 펀드 및 리츠 관련 상품 설명, 실
제로 투자되고 있는 물건을 수록하여 책을 통해서 실전 투자감
각을 익힐 수 있게 하였다. 신국판 / 256쪽 / 12,000원

마일리지 200% 활용하기 박성희 지음
우리 주변에는 마일리지와 관련 있는 다양한 카드가 있다. 신용
카드로부터 시작하여 이동통신사의 멤버십 카드, 캐시백 카드,
각 업소의 스탬프 카드 등 다양한 종류의 카드가 각기 특성을 가
지고 우리 생활 속에서 이용되고 있다. 잘 알고 활용하면 개인의
주머니 경제, 가계의 살림에 보탬이 되는 각종 마일리지에 관한
최신 정보를 한 권에 모아 놓았다. 이 책의 내용을 잘 활용하면
새는 돈을 알뜰살뜰 모으는 길이 보일 것이다.
국판 변형 / 200쪽 / 8,000원

주 식

개미군단 대박맞이 주식투자
홍성걸(한양증권 투자분석팀 팀장) 지음
초보에서 인터넷을 활용한 주식투자까지 필자의 현장에서의 경
험을 바탕으로 한 주식 성공전략의 모든 정보 수록.
신국판 / 310쪽 / 9,500원

알고 하자! 돈 되는 주식투자 이길영 외 2명 공저
일본과 미국의 주식시장을 철저한 분석과 데이터화를 통해 한국
주식시장의 투자의 흐름을 파악함으로써 한국 주식시장에서의
확실한 성공전략 제시!! 신국판 / 388쪽 / 12,500원

항상 당하기만 하는 개미들의 매도·매수타이밍 999% 적중 노하우
강경무 지음
승부사를 꿈꾸며 와신상담하는 모든 이들에게 희망의 등불이 될
것을 확신하는 Jusicman이 주식시장에서 돈벌고 성공할 수 있
는 비결 전격공개!! 신국판 / 336쪽 / 12,000원

부자 만들기 주식성공클리닉 이창희 지음
저자의 경험담을 섞어서 주식이란 무엇인가를 풀어서 써놓은 주
식입문서. 초보자와 자신을 성찰해볼 기회를 가지려는 기존의
투자자를 위해 태어났다. 신국판 / 372쪽 / 11,500원

선물·옵션 이론과 실전매매 이창희 지음
선물과 옵션시장에서 일반인들이 실패하는 원인을 분석하고,
반드시 지켜야 할 투자원칙에 따라 유형별로 실전 매매 테크닉
을 터득함으로써 투자를 성공적으로 할 수 있게 한 지침서!!
신국판 / 372쪽 / 12,000원

너무나 쉬워 재미있는 주가차트 홍성무 지음
주식시장에서는 차트 분석을 통해 주가를 예측하는 투자자만이
주식투자에서 성공하므로 차트에서 급소를 신속, 정확하게 뽑아
내 매매타이밍을 잡는 방법을 알려주는 주식투자 지침서.
4×6배판 / 216쪽 / 15,000원

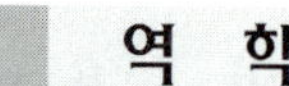

역 학

역리종합 만세력 정도명 편저 / 신국판 / 532쪽 / 10,500원

작명대전 정보국 지음 / 신국판 / 460쪽 / 12,000원

하락이수 해설 이천교 편저 / 신국판 / 620쪽 / 27,000원

현대인의 창조적 관상과 수상
백운산 지음 / 신국판 / 344쪽 / 9,000원

대운용신영부적 정재원 지음 / 신국판 양장본 / 750쪽 / 39,000원

사주비결활용법 이세진 지음 / 신국판 / 392쪽 / 12,000원

컴퓨터세대를 위한 新 성명학대전
박용찬 지음 / 신국판 / 388쪽 / 11,000원

길흉화복 꿈풀이 비법 백운산 지음 / 신국판 / 410쪽 / 12,000원

새천년 작명컨설팅 정재원 지음 / 신국판 / 492쪽 / 13,900원

백운산의 신세대 궁합 백운산 지음 / 신국판 / 304쪽 / 9,500원

동자삼 작명학 남시모 지음 / 신국판 / 496쪽 / 15,000원

구성학의 기초 문길여 지음 / 신국판 / 412쪽 / 12,000원

성공하는 사람들의 화술테크닉 민영욱 지음
개인간의 사적인 대화에서부터 대중을 위한 공적인 강연에 이르기까지 어떻게 말하고 어떻게 스피치를 할 것인가에 관한 지침서. 신국판 / 320쪽 / 9,500원

부자들의 생활습관 가난한 사람들의 생활습관
다케우치 야스오 지음 / 홍영의 옮김
경제학의 발상을 기본으로 하여 사람들이 살아가면서 생활에서 생각해 볼 수 있는 이익을 보는 생활습관과 손해를 보는 생활습관을 수록, 독자 자신에게 맞는 생활습관의 기본 전략을 설계할 수 있도록 제시. 신국판 / 320쪽 / 9,800원

코끼리 귀를 당긴 원숭이-히딩크식 창의력을 배우자
강충인 지음
코끼리와 원숭이의 우화를 히딩크의 창조적 경영기법과 리더십에 대비하여 자기혁신, 기업혁신을 꾀하는 창의력 개발법을 제시. 신국판 / 208쪽 / 8,500원

성공하려면 유머와 위트로 무장하라 민영욱 지음
21세기에 들어 새로운 추세를 형성하고 있는 말 잘하기. 이러한 추세에 맞추어 현재 스피치 강사로 활약하고 있는 저자가 말을 잘하는 방법과 유머와 위트를 만들고 즐기는 방법을 제시한다.
신국판 / 292쪽 / 9,500원

등소평의 오뚝이전략 조창남 편저
중국 역사상 정치·경제·학문 등의 분야에서 최고 위치에 오른 리더들의 인재활용, 상황 극복법 등 처세 전략·전술을 통해 이 시대의 성공인으로 자리매김하는 해법 제시.
신국판 / 304쪽 / 9,500원

노무현 화술과 화법을 통한 이미지 변화 이현정 지음
현재 불교방송에서 활동하고 있는 이현정 아나운서의 화술 길라잡이서. 노무현 대통령의 독특한 화술과 화법을 통해 리더로서, 성공인으로서 갖추어야 할 화술 화법을 배우는 화술 실용서.
신국판 / 320쪽 / 10,000원

성공하는 사람들의 토론의 법칙 민영욱 지음
다양한 사람들의 다양한 욕구를 하나로 응집시키는 수단으로 등장하고 있는 토론에 관해 간단하고 쉽게 제시한 토론 길라잡이서. 신국판 / 280쪽 / 9,500원

사람은 칭찬을 먹고산다 민영욱 지음
현대에서 성공하는 사람으로 남기 위해서는 남을 칭찬할 줄도 알아야 한다. 성공하는 사람이 되기 위해서 알아야 할 칭찬 스피치의 기법, 특징 등을 실생활에 적용해 설명해놓은 성공처세 지침서. 신국판 / 268쪽 / 9,500원

사과의 기술 김농주 지음
미안하다는 말에 인색한 한국인들에게 "I' sorry."가 성공을 위한 처세 기법으로 다가온다. 직장, 가정 등 다양한 환경에서 사과 한마디의 의미, 기능을 알아보고 효율성을 가진 사과가 되기 위해 갖추어야 할 조건을 제시한다.
신국판 변형 양장본 / 200쪽 / 10,000원

취업 경쟁력을 높여라 김농주 지음
각 기업별 특성 및 취업 정보 분석과 예비 취업자의 능력 개발, 자신의 적성에 맞는 직종과 직장 잡는 법을 상세하게 수록.
신국판 / 280쪽 / 12,000원

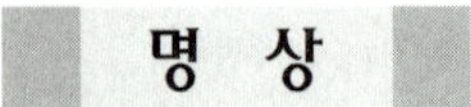

명상으로 얻는 깨달음 달라이 라마 지음 / 지창영 옮김
티베트의 정신적 지도자이자 실질적 지도자인 달라이 라마의 수많은 가르침 가운데 현대인에게 필요해지고 있는 인내에 대한 이야기. 국판 / 320쪽 / 9,000원

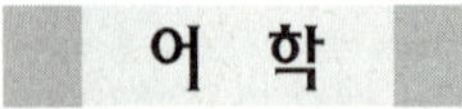

2진법 영어 이상도 지음
2진법 영어의 비결을 통해서 기존 영어학습 방법의 단점을 말끔히 해소시켜 주는 최초로 공개되는 고효율 영어학습 방법. 적은 시간을 투자하여 영어의 모든 것을 획기적으로 향상시킬 수 있는 비법을 제시한다. 4×6배판 변형 / 328쪽 / 13,000원

한 방으로 끝내는 영어 고제윤 지음
일상생활에서의 이야기를 바탕으로 하는 영어강의로 영어문법은 재미없고 지루하다고 생각하는 이 땅의 모든 사람들의 상식을 깨면서 학습 효과를 높이기 위한 공부방법을 제시하는 새로운 영어학습서. 신국판 / 316쪽 / 9,800원

한 방으로 끝내는 영단어 김승엽 지음 / 김수경·카렌다 감수
일상생활에서 우리가 무심코 던지는 영어 한마디가 당신의 영어 수준을 드러낸다는 사실을 깨닫게 하는 영어 실용서. 풍부한 예문을 통해 참영어를 배우겠다는 사람, 무역업이나 관광 안내업에 종사하는 사람, 영어권 나라로 이민을 가려는 사람들에게 많은 도움을 줄 것이다. 4×6배판 변형 / 236쪽 / 9,800원

해도해도 안 되던 영어회화 하루에 30분씩 90일이면 끝낸다
Carrot Korea 편집부 지음
온라인과 오프라인을 넘나들면서 영어학습자들의 각광을 받고 있는 린다의 현지 생활 영어 수록. 교과서에서 배울 수 없었던 생생한 실생활 영어를 90일 학습으로 모두 끝낼 수 있다.
4×6배판 변형 / 260쪽 / 11,000원

바로 활용할 수 있는 기초생활영어 김수경 지음
다양한 상황에 대처할 수 있도록 인사나 감정 표현, 전화나 교통, 장소 및 기타 여러 사항에 관한 기초생활영어를 총망라.
신국판 / 240쪽 / 10,000원

바로 활용할 수 있는 비즈니스영어 김수경 지음
해외 출장시, 외국의 바이어 접견시 기본적으로 사용할 수 있는 상황별 센텐스를 수록하여 해외 출장 준비 및 외국 바이어 접견을 완벽하게 끝낼 수 있게 했다. 신국판 / 252쪽 / 10,000원

생존영어55 홍일록 지음
살아 있는 영어를 익힐 수 있는 기회 제공. 반드시 알아야 할 핵심 센텐스를 저자가 미국 현지에서 겪었던 황당한 사건들과 함께 수록, 재미도 느낄 수 있다. 신국판 / 224쪽 / 8,500원

필수 여행영어회화 한현숙 지음
해외로 여행을 갔을 때 원어민에게 바로 통할 수 있는 발음 수록. 자신 있고 당당한 자기 표현으로 즐거운 여행을 할 수 있도록 손안의 가이드 역할을 해줄 것이다.
4×6판 변형 / 328쪽 / 7,000원

필수 여행일어회화 윤영자 지음
가깝고도 먼 나라라고 흔히 말해지는 일본을 제대로 알기 위해 노력하는 사람들에게 손안의 가이드 역할을 하는 실전 일어회화집. 일어 초보자들을 위한 한글 발음 표기 및 필수 단어 수록.
4×6판 변형 / 264쪽 / 6,500원

필수 여행중국어회화 이은진 지음
중국에서의 생활이나 여행에 꼭 필요한 상황별 회화, 반드시 알아야 할 1500여 개의 단어에 한자병음과 우리말 표기를 원음에 가깝게 달아 놓았으므로 든든한 도우미가 되어 줄 것이다.
4×6판 변형 / 256쪽 / 7,000원

영어로 배우는 중국어 김승엽 지음
중국으로 여행을 가거나 출장을 가는 사람들이 알아두어야 할 기초 생활 회화와 여행 회화를 영어, 중국어 동시에 익힐 수 있게 내용을 구성. 신국판 / 216쪽 / 9,000원

필수 여행스페인어회화 유연창 지음
은행, 병원, 교통 수단 이용하기 등 외국에서 직접적으로 맞닥뜨리게 되는 상황을 설정하여 바로바로 도움을 받을 수 있게 간단한 회화를 한글 발음 표기와 같이 수록하여 손안의 도우미 역할을 해줄 것이다. 4×6판 변형 / 288쪽 / 7,000원

바로 활용할 수 있는 홈스테이 영어 김형주 지음
일반 가정생활, 학교생활에서 꼭 알아야 할 상황별 회화·문법·단어를 수록, 유학생활 동안 원어민 가족과 살면서 영어를 좀더 쉽게 배울 수 있도록 알려주는 안내서.
신국판 / 184쪽 / 9,000원

레포츠

수열이의 브라질 축구 탐방 삼바 축구, 그들은 강하다　이수열 지음
축구에 대한 관심만으로 각 나라의 축구팀, 특히 브라질 축구팀
에 애정을 가지고 브라질 축구팀의 전력 및 각 선수들의 장단점
을 나름대로 분석하고 연구하여 자신의 의견을 피력하고 있는
축구 길라잡이서.　신국판 / 280쪽 / 8,500원

마라톤, 그 아름다운 도전을 향하여
빌 로저스 · 프리실라 웰치 · 조 헨더슨 공저
오인환 감수 / 지창영 옮김
마라톤에 입문하고자 하는 초보 주자들을 위한 마라톤 가이드
서. 올바르게 달리는 법, 음식 조절법, 달리기 전 준비운동, 주자
에게 맞는 프로그램 짜기, 부상 예방법을 상세하게 설명하고 있
다.　4×6배판 / 320쪽 / 15,000원

퍼팅 메커닉　이근택 지음
감각에 의존하는 기존 방식의 퍼팅은 이제 그만!!
저자 특유의 과학적 이론을 신체근육 운동학에 접목시켜 몸의
무리를 최소한으로 덜고 최대한의 정확성과 거리감을 갖게 하는
새로운 퍼팅 메커닉 북.　4×6배판 변형 / 192쪽 / 18,000원

아마골프 가이드　정영호 지음
골프를 처음 시작하는 모든 아마추어 골퍼를 위해 보다 쉽고 빠
르게 이해할 수 있도록 내용이 구성된 아마골프 레슨 프로그램
서.　4×6배판 변형 / 216쪽 / 12,000원

인라인스케이팅 100%즐기기　임미숙 지음
레저 문화에 새로운 강자로 자리매김하고 있는 인라인 스케이팅
을 안전하고 재미있게 즐길 수 있도록 알려주는 인라인 스케이
팅 지침서. 각단계별 동작을 한눈에 알아볼 수 있도록 세부 동작
별 일러스트 수록.　4×6배판 변형 / 172쪽 / 11,000원

배스낚시 테크닉　이종건 지음
현재 한국배스스쿨에서 강사로 활약하고 있는 아마추어 배스 낚
시꾼이 중급 수준의 배스 낚시꾼들이 자신의 실력을 한 단계 업
그레이드 시킬 수 있도록 루어의 활용, 응용법 등을 상세하게 해
설.　4×6배판 / 440쪽 / 20,000원

나도 디지털 전문가 될 수 있다!!!　이승훈 지음
깜찍한 디자인과 간편하게 휴대할 수 있다는 장점 때문에 새로
운 생활필수품으로 자리를 잡아가고 있는 디카 · 디캠을 짧은 시
간 안에 쉽게 배울 수 있도록 해놓은 초보자를 위한 디카 · 디캠
길라잡이서.　4×6배판 / 320쪽 / 19,200원

스키 100% 즐기기　김동환 지음
스키 인구의 확산 추세에 따라 스키의 기초 이론 및 기본 동작부
터 상급의 기술까지 단계별 동작을 전문가의 동작사진을 곁들여
내용 구성.　4×6배판 변형 / 184쪽 / 12,000원

태권도 총론　하웅의 지음
우리의 국기 태권도에 관한 실용 이론서. 지도자가 알아야 할 사
항, 태권도장 운영이론, 응급처치법 및 태권도 경기규칙 등 필수
내용만 수록.　4×6배판 / 288쪽 / 15,000원

건강하고 아름다운 동양란 기르기　난마을 지음
동양란 재배의 첫걸음부터 전시회 출품까지 동양란의 모든 것
수록. 동양란의 구조 · 특징 · 종류 · 감상법, 꽃대 관리 · 꽃 피우
기 · 발색 요령 등 건강하고 아름다운 동양란 만들기로 구성.
4×6배판 변형 / 184쪽 / 12,000원

수영 100% 즐기기　김종만 지음
물 적응하기부터 수영용품, 수영과 건강, 응용수영 및 고급 수영
기술에 이르기까지 주옥 같은 수중촬영 연속사진으로 자세히 설
명해 주는 수영기법 Q&A.　4×6배판 변형 / 248쪽 / 13,000원

애완견114　황양원 엮음
애완견 길들이기, 애완견의 먹거리, 멋진 애완견 만들기, 애완견
의 질병 예방과 건강, 애완견의 임신과 출산, 애완견에 대한 기
타 관리 등 애완견을 기를 때 반드시 알아야 할 내용 수록.
4×6배판 변형 / 228쪽 / 13,000원

건강을 위한 웰빙 걷기　이강옥 지음
건강 운동으로서 많은 사람들의 관심을 모으고 있는 걷기운동을
상세하게 설명. 걷기시 필요한 장비, 올바른 걷기 자세를 설명하
고 고혈압 · 당뇨병 · 비만증 · 골다공증 등 성인병과 관련해 걷
기운동을 했을 때 얻을 수 있는 효과를 수록하여 성인병을 예방
하고 치료할 수 있도록 하였다.　대국전판 / 280쪽 / 10,000원

우리 땅 우리 문화가 살아 숨쉬는 옛터　이형권 지음
우리나라에서 가장 가보고 싶은 역사의 현장 19곳을 선정, 그
터에 어린 조상의 숨결과 역사적 증언을 만날 수 있는 시간 제
공. 맛있는 집, 찾아가는 길, 꼭 가봐야 할 유적지 등 핵심 내용
선별 수록.　대국전판 올컬러 / 208쪽 / 9,500원

아름다운 산사　이형권 지음
우리나라의 대표적인 산사를 찾아 계절 따라 산사가 주는 이미
지, 산사가 안고 있는 역사적 의미를 되새겨 본다. 동시에 산사
를 찾음으로써 생활에 찌든 현대인들이 삶의 활력을 되찾는 시
간을 갖게 한다.　대국전판 올컬러 / 208쪽 / 9,500원

골프 100타 깨기　김준모 지음
읽고 따라 하기만 해도 100타를 깰 수 있는 골프의 전략 · 전술
의 비법 공개. 뛰어난 골프 실력은 올바른 그립과 어드레스에서
비롯됨을 강조한 초보자를 위한 실전 골프 지침서.
4×6배판 변형 / 136쪽 / 10,000원

쉽고 즐겁게! 신나게! 배우는 재즈댄스　최재선 지음
몸치인 사람도 쉽게 따라 하고 배우는 재즈댄스 안내서. 이 책에
실려 있는 기본 동작을 익혀 재즈댄스를 하면 생활 속의 긴장과
스트레스를 털어버리고 활력을 되찾을 수 있으며, 다이어트 효
과도 얻을 수 있다.　4×6배판 변형 / 200쪽 / 12,000원

맛과 멋이 있는 낭만의 카페　박성찬 지음
가족끼리, 연인끼리 추억을 만들고 행복한 시간을 보낼 수 있는
서울 근교의 카페를 엄선하여 소개. 카페에 대한 인상 및 기본
정보, 인근 볼거리 등도 함께 수록하여 손안의 인터넷 정보서가
될 수 있게 했다.　대국전판 올컬러 / 168쪽 / 9,900원

한국의 숨어 있는 아름다운 풍경　이종원 지음
우리 나라의 숨어 있는 아름다운 풍경을 찾아 소개하는 여행서.
저자의 여행 감상과 먹거리, 볼거리, 사람 사는 이야기가 담겨
있어 안내서라기보다는 답사기라고 할 수 있다. 서정과 사진이
풍부하게 담겨 있는 그곳에 가고 싶다 시리즈 4번째 책.
대국전판 올컬러 / 208쪽 / 9,900원

사람이 있고 자연이 있는 아름다운 명산　박기성 지음
산을 좋아하는 사람들을 위한 산 안내서. 한번쯤 가보면 좋을
산을 엄선하여 그 산이 갖는 매력을 서정성 짙은 글로 풀어 놓
았다. 가는 방법과 둘러 보아야 할 곳도 덤으로 설명.
대국전판 올컬러 / 176쪽 / 12,000원

마음의 고향을 찾아가는 여행 포구　김인자 지음
일상 생활에서 벗어나고 싶다면 우리 국토의 진정한 아름다움을
느끼게 해주는 포구로 가보자. 그 곳에서 사람냄새, 자연이 어우
러진 역동성에 삶의 의욕을 되찾을 수 있을 것이다. 시인이자 여
행가인 김인자 님이 소개하는 가볼 만한 대표적인 포구 20곳 수
록. 볼거리, 먹거리와 함께 서정성 넘치는 글로 포구의 낭만, 삶
의 현장을 소개.　대국전판 올컬러 / 224쪽 / 14,000원

골프 90타 깨기　김광섭 지음
90타를 깨고 싱글로 진입할 수 있게 해주는 실전 골프 테크닉
서. 스트레칭, 세트 업, 드라이버 스윙, 샷, 어프로치, 퍼팅, 벙커
샷 등의 스윙 원리를 요점을 짚어 정리해 놓았으므로 골퍼 자신
의 잘못된 스윙을 바로잡는데 많은 도움이 될 것이다. 또한 연습
장에서 스윙 연습을 하는 방법도 수록해 골프의 재미를 한층 더
배가시켜 즐길 수 있게 하였다.　4×6배판 변형 / 148쪽 / 11,000원

생명이 살아 숨쉬는 한국의 아름다운 강　민병준 지음
물놀이를 하는 아이들, 재첩을 잡는 사람들, 두물머리에 서 있는
연인들. 이 모습은 우리 나라의 강변에서 볼 수 있는 정겨운 장
면이다. 우리 나라의 대표적인 강 15곳을 엄선하여 찾아가는
법, 먹거리, 잘 곳 등을 함께 수록. 또한 강과 연관 있는 인근의
볼거리를 수록하여 가족이나 연인 사이에는 추억을 만들고, 자
녀와는 역사공부도 할 수 있게 내용을 아기자기 하게 꾸민 강 여

마일리지 200% 활용하기

2005년 8월 10일 제1판 1쇄 발행

지은이/박성희
펴낸이/강선희
펴낸곳/가림출판사

등록/1992. 10. 6. 제4-191호
주소/서울시 광진구 구의동 57-71 부원빌딩 4층
대표전화/458-6451   팩스/458-6450
홈페이지 http://www.galim.co.kr
e-mail galim@galim.co.kr

값 8,000원

ISBN 89-7895-206-2 13320

가림출판사 · 가림M&B · 가림Let's의 홈페이지(http://www.galim.co.kr)에 들
어오시면 가림출판사 · 가림M&B · 가림Let's의 신간도서 및 출간 예정 도서를
포함한 모든 책들을 만나실 수 있습니다.
온라인 서점을 통하여 직접 도서 구입도 하실 수 있으며 가림 홈페이지 내에서
전국 대형 서점들의 사이트에 링크하시어 종합 신간 안내 및 각종 도서 정보,
책과 관련된 문화 정보를 받아보실 수 있습니다.
또한 홈페이지 방문시 회원으로 가입하시면 신간 안내 자료를 보내드립니다.